自愈心理学

谢国计——著

SELF-HEALING PSYCHOLOGY

北方文艺出版社

图书在版编目（CIP）数据

自愈心理学 / 谢国计著 . -- 哈尔滨：北方文艺出版社，2021.4（2023.11 重印）
ISBN 978-7-5317-4983-7

Ⅰ . ①自… Ⅱ . ①谢… Ⅲ . ①心理学－通俗读物
Ⅳ . ① B84-49

中国版本图书馆 CIP 数据核字（2020）第 250683 号

自愈心理学
Ziyu Xinlixue

作　者 / 谢国计
责任编辑 / 路　嵩
封面设计 / 天下书装

出版发行 / 北方文艺出版社
邮　编 / 150008
发行电话 /（0451）86825533
经　销 / 新华书店
地　址 / 哈尔滨市南岗区宣庆小区 1 号楼
网　址 / www.bfwy.com

印　刷 / 三河市天润建兴印务有限公司
开　本 / 880mm × 1230mm　1/ 32
字　数 / 100 千
印　张 / 8.25
版　次 / 2021 年 4 月第 1 版
印　次 / 2023 年 11 月第 2 次印刷

书　号 / ISBN 978-7-5317-4983-7
定　价 / 45.00 元

目 录

contents

第三章
世界越是薄情，越是要活得热气腾腾

第四章
如果真心被辜负，放手就是疗愈的开始

第一章

成年人的世界里，
谁不是带着伤口奔跑

1. 哭泣是压力的释放

成年人的世界里哪里没有伤口，尼采说过："受苦的人，没有悲观的权利。一个受苦的人，如果悲观了，就没有了面对现实的勇气，没有了与苦难抗争的力量，结果他将受到更大的苦。"所以即使掩面痛哭，哭过后还是要咬牙挺住，继续为之后的生活拼搏。

漆黑的夜晚，行人寥寥无几，街头蹲着一位工人，捂着脑袋，浑身颤抖着，正在默默地流眼泪。街边穿过一辆又一辆汽车，卷起阵阵尘土。哭到差不多的时候，工人站起来，擦了擦脸颊，低着头走到单车旁，拿起手电筒，返回到家中。

原来工人的母亲重病，去医院化疗的费用几乎花光了家里所有的积蓄，看着年迈的母亲步履蹒跚地做晚饭，他内心难受，无处发泄，只能趁着傍晚下班偷偷躲在昏暗的月色下哭泣，然后继续努力赚下个月的医疗费。

生活并没有想象中那么如意，生活中处处充满了挫折。

一位外卖小哥在"五一"假期的凌晨开着自己的电动车送着外卖，他已经连续工作十六个小时了，身心疲惫。这时候，妻子打来电话说："孩子突然发高烧，别送了，赶紧给孩子买药！"

他赶忙跑到医院买了退烧药，送回家里。来不及与妻子打招呼，就开着电动车一溜烟跑去送餐。但是顾客已经取消了订单，并且立刻投诉了他，而他还没有与顾客解释清楚迟到的原因。看着手里的盒饭和罚款单，他突然无法控制地哭了起来，内心的不甘、委屈、疲惫都宣泄而出。

生活不是苦一下子，而是连续的苦楚。越长大越知道可以依靠的人不多了，就像张爱玲说的那句话："中年以后的男人，时常会觉得孤独，周围都是依靠他的人，却没有他可以依靠的人。"没有别人可以依靠，也就只能靠自己。学着成长，学会与人交往，独自抵御困境，独自感受喜悦。即使被压力胁迫，被加班困住，面对各种应酬、房贷、车贷，家里养大养小等问题，能依靠的也只有自己。

手术台前连续奋战七八个小时，累瘫在地上的医生；深夜加班赶不上末班车，只能走回去的打工仔；穿高跟鞋站岗一天后已经脚肿的小姑娘；在炎炎夏日里穿着玩偶服发传单的小时工……在这个因为压力太大忘记笑又忘记哭的时代，每个人的生活都不容易，沮丧仿佛能扼住喉咙，不让你把真相说出来。

人都有七情六欲，有失望，有脆弱，我们不应该嘲笑哭泣的人。比起默默消化负能量，直接释放情绪对身心更好。悲伤时哭泣，能够通过泪水舒缓沮丧的心情，把身体里有害的情绪释放出来。流泪是缓解神经紧张的有效方式，哭泣后，人们情绪的起伏会降低百分之四十。用哭泣缓解痛苦，相当于用生理现象解决精神现象，是很好的解压方式。

荷兰心理学家威格尔兹做出一个实验，实验的结论是：人们大哭一场要比过于冷静应对事情来得更好。他找到情绪糟糕志愿者观看两部感人肺腑的电影。影片结束后，他让志愿者填写一份情绪变化表格，分别在观影后的一分钟、二十分钟和两个小时之后记录下来。表格填好后，结果非常清晰，在观影时哭泣的志愿者情绪得到改善，而在观影后没有哭泣的志愿者情绪没有任何变化。

所以，人们可以把哭泣当做宣泄的工具。在哭泣时机体紧张，情绪激动，随后开始出现身体局部放松，这个过程能够消耗体内大量能量，就像进行了一场有氧运动，这是很多生物没有的能力。众所周知，运动能发泄情绪，放松身心，而哭泣正好代替了它，我们要好好利用哭泣这一面。

2. 你尝过被朋友孤立的滋味吗

从小学到成人世界，一直上演着一幕幕抱团、排挤的戏码。多余的那个人因为被团体莫名厌恶开始变得孤独，独自吃饭，独自上课，独自居住。几乎每个人都经历过这样的时期，说话稍微不正确，或多或少会遭到别人的嫌恶。

汪静之初中时父母离异，很快，她被送到临城的寄宿学校，因为学习优异，很快得到老师的重视、同学的青睐。张妍与汪静之是好朋友，同时又是室友。那时候同学之间都喜欢抱团，于是这两个人便组成了一队。过了两个学期，张妍被父母接到身边上学，离开了这所学校。

汪静之一下子变成了独自一人，其他的同学没有主动去找汪静之交往。几个星期后，汪静之发现有个女生一直在说自己坏话，就这样一传十，十传百，慢慢地，大家开始刻意躲避汪静之。毕业时，汪静之已经从开朗活泼变得内心极度压抑，现在偶尔想起来那段时光，她还会不由自主地伤心。

被人孤立极其难受，尤其被很多人孤立，更会对世界失望。每一段被孤立的经历都会使心灵深受伤害，慢慢开始怀疑身边的一切，甚至出现厌世、轻生的想法。被别人孤立有很多原因，如：言行举止给别人造成反感，不会主动亲近别人，与环境格格不入，相貌身材性格不够被人喜欢等等，都是被孤立的原因。

最令人烦恼的是，当一个人开始远离你，可能是这个人的问题，当不断地有人开始远离你，很有可能是自己的问题，而我们一直不想改变自己，就会被孤立。当想要改变的时候，又发现曾经的机会一去不复返。我们应该多开导自己，过去的经历总要过去，外界对我们的刻板印象很难改变，与其浪费时间去经营没有价值的社交圈，还不如换一个新的环境生活。

王仪钧来到一家私企工作，她发现这些同事都不太愿意与自己说话，做什么都要躲着她，抬眼相见都不会主动打招呼，这样的工作环境让王仪钧很烦闷。这天王仪钧看见同事从对面走过来，就主动打起了招呼，同事很敷衍地答应了一下，立刻转过头去。为此，王仪钧伤心了很久。几个月里，公司多次团队合作，同事们都会选择性忘记她，久而久之，王仪钧认为待在这里没有什么价值，便提出了离职。

在生活中，我们被别人排挤，就很容易陷入悲伤的氛围里，这时要学会自我调节，找出正确的解决办法才行。不要进行自我怀疑，即使人际关系不稳固，也不能把全部的过错揽到自己身上，自责过多；不因被别人孤立就认为自己一无是处，要相信自己有很多优点，放大优点，削弱缺陷；不因被人排挤就放弃原则，特意迎合别人，为了和别人处好关系，故意讨好对方，这反而起到了反效果，别人认为你很懦弱，也会过分欺凌你。

此外，也要多多反省自己。被孤立，也会有被孤立的理由，先仔细想一想，自己有哪些行为惹人讨厌，乃至远离。

其次，多多给予。如果我们得到一些帮助，总是会想着回报一点什么。给予，包括实物、心灵关心、善意等。给予，可以帮你改善人际关系。

第三，学会疏导。很多时候，别人孤立你，极少是有预谋的，绝大多数是临时起意。临时起意和当时的情绪、心态息息相关，如果能做到正确疏导，把对方的情绪转化，一旦对方注意力转移，你就安全了。

最后，即使我们总是被别人孤立，也不要灰心，做最自信的自己，继续过好生活，未来将会有更好的交际圈等着你。

3. 一年当中，谁没有被拒绝过几次

谁没有被拒绝过？因为害怕被拒绝，很多事情不去做，或是遭到拒绝就变得心态扭曲，造成难以磨灭的后果，为免遭受痛苦体验而失去人生更多可能性，岂不可惜？一些心态脆弱的人遭受拒绝就会陷入长期的痛苦中，自我怀疑，不敢再尝试新鲜事物，本能地退缩、不自信，对爱质疑、悲观，甚至会打开内心邪恶的潘多拉之盒。

王芬和刘青两个人是在打工时认识的，王芬当他是普通朋友，而刘青却对她穷追不舍，在刘青又一次被拒绝后，他购买了一瓶硫酸，偷走了王芬家中的钥匙，进入房间后朝熟睡的王芬泼去，导致王芬被大面积灼伤，昏了过去。经过三

天手术，才抢救过来。

由于伤势过于严重，八年间王芬经历了三次整容手术，花费了家里几十万元的积蓄。双眼至今无法完全闭合，下唇难以遮盖牙齿，只能依靠家人轮流照顾。由于形象被毁，她不敢坐公共汽车，不敢出门，话也少了起来，没有办法找到工作赚钱养家，对恋爱更是失去了渴望。

虽然历经八年，刘青才被抓捕归案，但他终究要为自己的行为付出代价。

社会上有很多因被拒绝而愤怒，加害他人的事件发生。罗格斯大学研究员表示，大量暴力事件中有百分之二的施暴者是因被拒绝而产生了负面情绪，有时只是一些小事。心理学家盖伊·温奇也说过，人们被拒绝后，很容易产生愤怒、抱怨、自责等情绪，智商会因愤怒变得低下。

被拒绝的人需要调整好心态，不要把负面情绪发泄在无辜人身上，不要一直沉浸在失败中，思考问题出现的根源。要知道，即使在工作中、生活中和朋友相处中，每个人或多或少都被拒绝过，不要认为自己多大的委屈，理性看待问题，先从愤怒和痛苦中冷静下来才最重要。

史泰龙最初立志做一名演员的时候，无数次找导演、制片，请求他们给自己一个演戏的机会，结果他一次次被拒，举步维艰的生活让他不得不把心爱的宠物卖掉。

一次，他看了一场拳击比赛，写下了《洛奇》的剧本，他带着剧本又开始找各种制片、导演，有的人又一次拒绝了他，有的人告诉他："你的剧本很好，但是你当不了男主角。"史泰龙不放弃，被拒绝了一千八百多次后，又一次向一位曾拒绝过他的导演发出请求，这位导演决定给他机会。

于是，史泰龙就从小角色演起，花费了三年多的时间才演到主角。最后他参演的电影收获了过亿的票房，获得了成功，把宠物赎了回来。

其实每一个人都曾遭受过或多或少的拒绝，而成功者之所以能成功，是因为他们有坚忍不拔的精神，理性看待，适合就坚持，不适合就赶紧放弃，及时止损。我们遭受拒绝后也应该多调整心态，寻找解决办法。

当人们被拒绝时，内心会出现几种反应，一种是：你的拒绝伤害了我的自尊心，我很生气。这种心态是出于意想不到，内心无法接受对方确实拒绝了自己，认为对方已经把自己整个人都否定了，把别人的拒绝当做自我全部的评价，自尊心受到伤害，情绪瞬间低落，以偏概全，开始全面否定自己。

还有一种是：你拒绝我，就等于我被整个圈子里的人拒绝了。这是源于人类的群居心理，抱团、规划社交圈，一旦被社交圈中心或相关的人物拒绝，会感觉受到了整个圈子的排斥。较独立的人不容易受伤害，因为他们本身对人与人之间的联系期望不高。喜欢交往的人就不一定了，他们喜欢在人群中找到归属感，于是对别人的态度过于重视，很容易被别人的拒绝伤害到。

这两种心理所导致的难堪、失望，其实不必过多在意。不要把别人的拒绝转化成创伤，不急于否定自己，寻找积极的一面，补充正面情绪，建立信心。此外，多往好处想想，别人拒绝你很可能另有苦衷，不要只在自己身上找原因。从多个角度看待问题，别轻易钻牛角尖，慢慢练习接纳别人的否定。

生活中，被拒绝是不可避免的，每个人都经历过，重要的是我们不要陷入被拒绝的伤痛之中，而是要冷静寻找被拒绝背后的缘由，积极肯定自己，不做伤害他人和自身的事。

4. 一辈子那么长，谁还不遇上几个人渣

在《亲爱的三毛》里有这样一句话："当一个人，被他视为最亲爱的人所欺骗时，人生极大的痛苦之一，于是产生。"的确，人生最大的痛苦莫过于你把信任错交付给人渣，最后被伤得体无完肤。

小雨通过微信摇一摇认识了一个名叫"深海里的鱼"的网友。对方说他从加拿大留学归来，现在在检察院批捕科工

作，父母都在省公安厅上班。

然后，他约小雨吃饭，各种嘘寒问暖。小雨感觉自己遇到了真人版“男神”，迅速和谈了两年恋爱的男友分手，投进了这个海归的怀抱，交付了自己的身体和钱物。

半年来，他经常说的是：“改天我带你见见我爸妈吧，然后我们尽快结婚，好不好？我好怕你突然有天会不要我了，怎么办？”并且带着小雨到处看房，说结婚要先买婚房。小雨觉得幸福来得好突然。

房子看好了，首付需要三十万元，他说自己的钱还不太够。小雨二话没说，就拿出了自己的全部积蓄十万元交给了他。

没想到，第二天，他就失踪了。电话打不通，自己的微信已被拉黑。她打电话到他单位，根本就没有这个人。小雨又打电话给他家里，发现电话是空号。

小雨感觉五雷轰顶，从来都没有想过这么狗血的剧情会发生到自己身上。她不敢对家人说自己被骗财骗色，更不敢让前男友知道，整夜睡不着，每天精神恍惚，自责不已。

这个世界上最令人难过的事，无异于你的信任换来的是欺骗。当我们接受一个人的时候，甘愿相信他说的所有话，支持他做的所有事，庆幸我们终于遇到了一个可以陪伴余生的人，可是他却怀着不可告人的目的，不假思索地伤害不设防的我们。

结果所有幻想的美好都是虚假的，是被辜负、被背叛的。我们因彻骨的疼痛变得日渐消沉，走不出困境，也不再让别人亲近。可生活还要继续，面对欺骗，尽快从阴影中走出来才是最好的选择。

被亲近的人欺骗，长期压抑自己的情绪是最难受、最痛苦的事情，还不如尽快宣泄出去，该哭时哭，该笑时笑，不为谁委屈自己。请接受内心柔软脆弱的一部分，直视它，接受它带给你的情感冲击，很多时候，这些情感不宣泄出去就会刻在心里，让人久久不能忘怀，甚至沉浸在悲伤中，不敢走出去迎接新事物。

如果被骗已成事实，我们最应该做的除了报警，还有原谅自己。不要陷入自责中，不要总是认为自己愚蠢，受骗往往不能与智商挂钩，只要一不小心对骗子卸下心防，骗子抓住了我们的弱点，我们就很有可能中了骗子的圈套。

话说，一辈子这么长，谁还不遇到几个人渣？谁没上当受骗过？有些人损失微薄，有些人则损失惨重，我们经历过这些事情才会成长，才会有提防之心。想想我们受骗后获得了什么，而不是失去了什么，钱财乃是身外之物，吸取教训避免犯错才是真的。把这些经验总结出来，可以传授给别人，帮助别人预防人渣。当学会换一个角度看问题时，我们会感觉收获很多，自我价值感得以重建，心理也就平衡了。

5. 挫折感：不是所有努力都会得到我们想要的结果

不是所有努力都有应得回报，很多时候苦苦追求的东西却怎么也得不到，内心充满了挫败感，自尊心和自信心受到冲击，或是早早放弃，或是用错误的方式执迷不悟。

王中磊从小就是很优秀的孩子，在学校名列前茅。高考那年，王中磊是镇上唯一考上名校的学生，被录取那天，镇上的人在街上给他拉了横幅“恭喜高三某班王中磊同学被某高校录取”。

这十几年里，王中磊有一种许多人感受不到的优越感，直到他进到那所名校以后，才发现自己再也没有那种优越感了。他瞬间变成很普通的学生，甚至可以说是里面最差劲的学生，这样的认知让王中磊一时间接受不了。于是他开始疯狂地学习，企图追赶上别人，但结果差强人意，在他熬夜去图书馆复习还挂科后，王中磊不禁怀疑自己的智商，一度有了退学的打算。

生活中有很多这样的人，之前的生活总是顺风顺水，没有遭受过一点的挫折，等换了新的环境，面对新的竞争对手，就会发现双方的差距是再怎么努力也追不上的。于是开始抱怨、多疑、泄气，不甘心自己的失败，同时又不得不这样平庸地活下去。人生之路的不平坦、不公平，一股脑地展现在我们眼前，但我们也不能因此就放弃努力，或是以一种嫉妒的心理看待别人的成果，要保持平常心。

不是努力追求就有回报，很多事情在最开始时已经成为定局，再做也是白费力气，人生常态，要懂得变通，学会看清现状，不要一直闷头行走。要知道学习有学习的方法，与人相处有与人相处的诀窍，即使是运动也需要掌握正确的运动姿势，一味的付出不一定能得到回报，有方法的付出才能够得到别人的重视，正确的处事方式比盲目执着更重要。

李远还是一位小主持人的时候，曾经采访过一位特别红的歌手，这位歌手在采访中一直挂着意味不明的微笑，更多的感觉是在嘲讽。等到采访结束，李远终于忍不住了，找到这位歌手，说："您可以不喜欢我的采访，但是请保持尊重，不要一直笑好吗？"结果这位歌手说："你在采访中一次也没有说对过我的名字。"

李远这才恍然大悟，等歌手走后，他独自在录影棚改录音改到凌晨两点钟。这次的事故令李远羞愧不已，内心充满了挫败感。从那以后，李远每采访一位嘉宾，都会把嘉宾的所有资料准备充足，家里有几口人，获得过什么荣誉，有什么爱好，性格怎么样，像查户口一样查一遍，并且一一记下。此后，李远很少在采访中出错了。

挫败感就是一个人内心无法得到满足而产生的感觉，人际交往，努力得不到回报，失去安全感和成就感，这时候就会出现心灰意冷、挫败的情绪。如果长期处在这样的心态中，我们的自尊心和自信心会不断下降，不敢再向前进。

面对挫败，我们需要做些心理上的疏导。承认自己的失败，承认这些不会让你丢脸，不要怕犯错，当犯错后要想一想如何把这件事情做到更好。当调整到这样的心态，就去复盘，吸取之前的教训，做出新的计划，进一步改良。即使没有得到回报，也要更加努力，要一直努力到终点。

在心理上安慰自己、不是所有努力都有回报。努力只是获得的一个必备条件，而非唯一条件。

摆正心态做真正努力的人，而不是看起来努力的人。不要做别人眼中的好学生，要认清自己的实力，制定有效的学习方法。内心越是困惑就越要多学习，多读书，多思考，不要停下脚步。

在追求事业上的成功时，会有很多失败的地方，学会接受不完美，不做钻牛角尖的完美主义者，放平心态后，行动力会更强。把内心的烦恼与家人和朋友说，当一个人承受不住时，学会倾诉，用诉说的方式克服内心的焦虑，学会用行动分散注意力。在行动中成就一些小事情，以达到内心的满足，改善内心的挫败感。

适当的运动和吃甜食可以让人变得开心、轻松。偶尔进行 一次有计划地旅行，见识一下美好的风景，让生活丰富多彩起来，也可以减少内心对挫败感的在意。

当我们调整好心态，就再去闯一闯，切忌再被困难打压，要成为不断前进的奋斗者。

6. 生活比童话残酷一千倍，早点醒来吧

生活没有童话故事中那些虚幻的、跌宕起伏的、或者是一些被设定好的情节，每个人都不知道自己最后的结局是什么样的，是美满，还是凄凉，所以不要再幻想童话里的故事了，多看看现实才是最好的方法。

方绮上学时期沉迷于各种小说情节，幻想着自己也能像主角一样拥有“金手指”，获得一份特殊能力，或是因为某种运气过上纸醉金迷的生活。但幻想总归是幻想，毕业后，方绮很快在一座城市找到了一份工作，每天加班但工资微薄，除去房租、生活起居上的花费，所剩无几。

就这样过了七八年，方绮好不容易有了一些积蓄，又开始犯愁结婚的事情，现实并没有小说中那样碰巧遇见命中人的情节，方绮也没有获得一份超能力让生活变得更好。在亲戚的介绍下，方绮相亲认识了一位男士，两人很快结婚了。现在两人因为家里的生活开销，每天吵得天昏地暗。

童话世界被描述得有多美好，现实就有多残酷，童话世

界多么让人向往，现实就多么令人沮丧。面对现实早一点醒来，比起在生活中苦苦挣扎，不断躲避岂不是来得更好？有些人需要丢掉幻想，拿出勇气接受现实。别把周围的事情想得太好，想得越好，在现实的打压下就会伤得越深。

一位年轻人，因为小时候的不幸遭遇截肢，为了扛下家里的重担，就拄着拐棍去搬砖，只为了挣些钱照顾生病的父母。

一名出租车司机，一位有患有严重老年痴呆症的妻子，为了保护妻子的安全，不让她走丢，每天在工作时把她放在副驾驶上，很多顾客看见副驾驶多出的人时，都会犹豫一下，给人的印象着实不好，他在出车软件上的客户评分是公司里最低的。

公共汽车上，一位年轻妈妈不停地责备一个小男孩，原来小男孩把妈妈的二十块钱弄丢了。愤怒不断升级，妈妈开始动起了手，旁边的乘客看不下去了，劝她："就是二十块钱，何必要打孩子？"年轻妈妈说："我一个月才挣一千块钱，如何不节省？"二十块钱也许只是其他人一杯咖啡的钱，而对于这位年轻妈妈来说，却是全家人几天的饭钱。

一位老人为一只羊羔做人工呼吸，企图挽救濒死的羊羔，羊羔最后还是死了，他伤心欲绝地哭了起来，仿佛失去了全世界，原来这只羊羔是老人家里仅剩的最值钱的东西，而家里还有一个小孙子等着老人卖羊买来填肚子的饭菜。

人们会被突如其来的现实弄得措手不及，无力改变的现状会给我们的心灵造成不小的打击。我们需要抛弃幻想，尽快摆正心态，治愈自己心灵的伤口。要告诉自己，在残酷的现实下也有苦中作乐的温暖。在大城市拼搏共患难的夫妻，没有烛光晚餐，没有甜言蜜语，有的是互相扶持、互相依靠。为了照顾患有阿尔茨海默症的母亲，三十岁的儿子每天假装自己还在上高中。为了给身边的户外工作人员提供帮助，一家小商店设立了免费领取矿泉水的小冰柜。

勇敢面对现实，扔掉手中的虚幻小说、偶像剧、英雄主义的电影，不要过于痴迷偶像、游戏。这些东西很容易误导一些没有什么人生经历的年轻人，使他们走进幻想中，不喜欢看清现实。正确做法是适当接触，当做闲暇娱乐的工具，而不是把它们当做全部的精神寄托。现实中需要做的事情还是要做，丝毫不能懈怠。

转换注意力，多做一些有益身心的事情，比如运动、学习一项新技能、看工具书，多接触新事物，慢慢对新事物产生兴趣，看清自身实力。减少上网的几率，网络虚假，不只是娱乐虚假，很多报道也虚假，沉迷其中，也会失去自我，变得爱幻想，逃避现实。适当上网，多接触现实世界，交几个新朋友，多去旅游，看些展览，多参加活动等等。

多看看平时接触不到，但是潜藏着的危机，让自己摆脱幻想。直面困难，而不是一看见苦难转头就走，暂且放下幻想，多看看现在的处境，有忧患意识。改变心态，不管受到什么挫折，都不能暗示自己躲在想象的童话故事中。应该调整心态，暂时忘记伤痛，用积极的一面代替虚无的幻想。

对现实世界抱有一种乐观心态，许多人会因为现实的复杂选择逃避，这样解决不了问题。正确的做法是乐观看待结果，并且积极行动。在行动中不要眼高手低，要脚踏实地，一步一个脚印，不着急成功，也不惧怕失败。不设定无法达到的目标，陷入幻想中的成功，很多时候这样的幻想只会越想越累，越想越发现无法达成。制定一个实际的目标，并且踏实去做，慢慢就有了显著成绩。

童话终归是童话，是人们构架出的虚假景象。无论如何，每个人都要走出这些虚假，接受外面的真实。有时候真实世界也是很可爱的，保持自信，积极行动，慢慢就会摆脱内心不断幻想的一面。

7. 人生处处有磨难，活着就是一种修行

人生处处是磨难，一个又一个磨难不断打击着人们的内心，但是也有一些人不畏惧这些磨难，只把磨难当做生活中的修行，即便经历着不同时期不同的困难，对自己向往的事

情也不退却，不断发掘可以摆脱困境的方法。

安徒生少年时很贫困，他出生在鞋匠家中，父亲体弱多病，母亲是洗衣妇，一家人住在窄小的房间里。安徒生上学读书都是在慈善学校，后来他开始做鞋匠的学徒工，还在纺织工厂和香烟工厂做过工。不幸的是，十一岁的安徒生失去了父亲，母亲也改嫁到别处生活。十四岁时，他离开故乡，来到了首都哥本哈根，尝试成为歌唱家。虽然很快被皇家剧院录用，但不久嗓子就坏掉了。失业那段时间他颠沛流离，差点饿死他乡。

他并没有被眼前的困难打倒，他写出了《阿尔芙索尔》获得了赏识，被送到斯拉格尔塞文法学校和赫尔辛欧学校免费就读。但他却称这是他最黑暗和痛苦的时期，老师常常责骂他，认为他行为举止怪异。即使进入格尔哈根大学，但是毕业后始终是失业状态，他的稿费和每年二百元的国家津贴成为了他全部收入来源。不过在他的不断努力下，他的诗集和诗剧终于得到了大家的认可。

当我们为曾经的困难害怕、退缩时，不如先看看怎么解决这些烦心事。经常经历磨难的人，会更加强大，不会轻易被困难打倒。要在心里默默地告诉自己，无论经历什么挫折，这些挫折、碰壁都是经验。

巴雷尼小时候成为了残疾人，最难过的莫过于他的母亲，母亲一边伤心欲绝，一边想尽办法让巴雷尼好起来，医生提醒他的母亲，多鼓励巴雷尼能让病情好转一些。于是母亲做好心理建树，对重病中的巴雷尼说：“巴雷尼，我相信你是有骨气的人，你一定能用自己的双腿走路，坚强地活下去，是吗？”巴雷尼听完母亲的安慰，激动地哭了出来，他一下子扑到母亲的怀抱中，连连点头。

接下来的时间里，巴蕾尼一直坚持不懈地练习双腿走路、做简单的体操。练习很累，很久没有任何进展，巴雷尼有那么几个瞬间想要放弃。有一次，巴雷尼的母亲发高烧，还是坚持要陪他训练，巴雷尼看见如此坚强的母亲，内心也深受感动。此后，他很少喊累，依旧日复一日地练习。

后来，他可以去学校学习功课，落下很多课程的巴雷尼开始挑灯夜战，复习功课，没日没夜读书的巴雷尼以优异的成绩考上了维也纳大学。毕业后，他依然不停止奋斗，不断研究医学，最终成为了诺贝尔医学和生理学的获奖者。

艰苦的生活有时很奇妙，它刻意打压任何意志不坚定的人，同时还能够帮助努力奋斗的人。不是艰难毁掉了生活，而是懦弱摧毁了生活。面对现实的打击、磨难，我们要提醒自己努力抬起头向前看，从黑暗中挣脱出来，走向光明的一面。

历经磨难也有好处，人会一夜之间长大，变得成熟，思想年龄不被时间禁锢，穿透幼稚的薄膜，开始独自承担困难的事情。学会在这份艰难中保持心平气和的心态，即使成不了多么伟大的人，也要庆幸现在的自己。在艰难的生活中学会照顾好自己，找到生活中的乐趣，让生活看起来更美好一些。

既然已经看透人间种种，就要学会享受，淡然处之。做一名旁观者，或是一名博弈的成功者。

人生的路很远，修行很长，以后还有很多苦难等着你，所以不要因为一次的挫折就站不起来，就趴下，就后退。不冲破障碍，怎么迎来收获？怎么发现生活中的美好？怎么为自己获取利益？

第二章

有些苦只能一个人扛，有些黑夜只能独自穿越

1. 你的痛苦，没人可以感同身受

我们无法照顾到每个人的情绪，大家都在为生计拼搏，沉浮于世俗。没有哪个人有多余的心思研究另一个人心里在想什么，你的喜怒哀乐只能埋在肚子里，自我消化。即使是生活中最亲密的人、最好的朋友都无法安全帮助你分担痛苦。

2018 年 9 月 4 号的晚上，峨眉山景区公安分局官方微博发出这样一份警情通报，称峨眉山景区分局金顶派出所接到群众报警，在峨眉山景区山顶处，一女子不顾游客劝阻跳下了山崖。

随即，游客录下的事故发生时的视频在网络被疯传，只见视频中一位二十岁左右的女孩站在悬崖边上若无其事地笑着，悬崖对面的游客纷纷劝她："快回来吧！""听话，不要想不开。""想想你的父母！"然而女孩没有听进去游客的劝告，带着笑意从山顶跳了下来，好似解脱一般。

很快，大家发现了她生前使用过的社交账号，里面写满了她每天的心情：我好像得了抑郁症……今生，我就走到这里，再见。女孩还特意提起曾经向别人求助，但是没有任何有效的进展，她还写了一句：我从来不是脆弱的人。瞬间噎住了所有看戏、不理解的人。

人越长大越不喜欢分享快乐和悲伤，因为没有几个人真正关心这些。独自面对一切已是每个成年人心照不宣的处事风格，越长大越孤独，越长大越害怕分享情绪，因为分享也是浪费时间，别人无法真切地帮助你，对你的失望、失落感同身受。更多的人会对抑郁的人说："有什么可抑郁的？就是生活太好了，把你闲的。"更多的人会对神经衰弱的人说："你多睡觉啊，补充睡眠，不然每天看起来都没有精神。"即使是最亲近的人也无法从你的每一个眼神和每一个动作知道你想要什么，即使是你的父母也无法切身感受到你的快乐和痛苦，很多时候，真正的情绪只隐藏在灵魂最深处，那是很多人都无法触碰到的地方。大部分人还是靠自己走出痛苦，因为只有自己才真正了解自己痛苦的根源，对症下药。

约翰·纳什是著名的经济学家，博弈论创始人，1958 年，本该前途似锦的他不幸患上了精神失常症，精神失常的纳什时常以一身婴儿打扮去参加晚会，渐渐地，他开始出现幻听、幻觉。不久，纳什被医生诊断为严重的精神分裂症，他开始表情呆滞，不注意形象，不穿鞋就出门溜达。邻居和同事对他避而远之，也因如此，当时的纳什与诺贝尔奖失之交臂。

可怜的纳什几乎被学术界遗忘，到了 80 年代，诺贝尔委员才考虑让纳什名列候选人名单，最后又因为怀疑博弈论和担忧纳什的病情而放弃。由于病情严重，纳什开始辗转于几家精神病医院，尽管在医院有人照料，但是他每天在想什么，内心有多痛苦却无人知道。纳什通过自己强大的意志力战胜病魔，80年代末期，纳什终于康复，恢复健康的他最终还是获得了诺贝尔奖。

有些人曾经也会对爱情、亲情、友情充满信心，认为自己完全了解对方，但却在侃侃而谈的时候发现对方对话题感到索然无味、走神，发现在自己无助时没有一个可以依靠的人，发现对方总是在自己最需要的时候缺席，于是就演变成了把所有事情都放在心里不说出来，为了不伤害家人坚持走完下半生，而不是选择自我解脱。亲人们回馈的感激是这些掩藏自己内心人的安慰。

每一个无法被人认同、被人安慰的人都应该庆幸，其实这样的自己才是独立的个体。我们应当安慰自己：即使没有一个人对自己的痛苦感同身受，也总有那么几个人灵魂的某处会同自己产生碰撞。有时是音乐上的交流，有时是对某一个观点有共同的认知，要知道，当你身上有某一个特征正好符合对方，那就是值得交流的一点。

别人忽略我们的感受，我们何尝不是如此忽略别人呢？每个人都会先想到自己的感受，放大自我，这是人之常情。我们无需在意被别人忽视，因为所有人都有这样的经历。停止对别人抱怨，停止发脾气、展现负面情绪，与其打扰到别人，还不如展示自己开朗的一面，让别人和自己更加快乐。

每个人都是独立的个体，人们无法百分百地知道对方想什么，而很多人说话含蓄，就更加让人捉摸不透，所以没人理解也正常。这时就要放宽心态，不依靠别人对你的解读获得救赎，不把所有负面情绪寄托在别人那里，这样我们的心态也就会更好。

2. 谁青春时没有经历一段孤独不安的日子

每个人的青春时期都会经历一段孤独的时光，很多年过去了，再回首，会发现对这段孤独的日子甚是想念。一个节日接着一个节日过去，国庆节过去了，春节过去了，面对现实，一个人独自排解内心对未来的不安。人们习惯了独自忙碌，哪怕这份忙碌无法给自己带来安全感。人们习惯了独享秘密，哪怕这份无法与别人分享的秘密曾经让自己忐忑不安。

李煜喜欢写文章，整日待在家里，谁也不联系，就是闷头创作。他靠着写文章也赚了不少钱，但家里人极其反对他写东西，一定要他出去找工作，他懒散地来到公司面试，沉默寡言，处处碰壁。他发现自己的自闭倾向越来越严重，开始害怕这种感觉，便想努力融入到群体中。李煜好不容易寻找到一份与人打交道的工作，可是他发现，虽然身边的人多了，内心却更加孤独。

学会独自品味属于自己的那份孤独，不要因为孤独就难过难受，要知道老虎和豹子都喜欢独来独往，鹿和羊才喜欢成群结队地在一起，比起顾影自怜，好好充实自己不是更好的处理方式吗？

王云清认为自己的人生一片灰暗，早上六点，王云清就要起床，洗漱、赶第一班地铁，出门时，邻居牵着宠物狗同她挤进了电梯，热情过度的宠物狗不断抓挠着王云清的裤脚，留下了几个梅花形的脚印。

好不容易到了公司，开始漫长的例会，领导又一次把王云清的项目“砍”了。午餐时，同事笑嘻嘻地安慰她：“没事的。”交往五年的男朋友突然要和她分手。家里两位老人更是不消停，每年的治病钱是她工资的一大半。

下班后，王云清一脸灰暗地走向地铁站，心道：不想再这样下去了。好在下班时间太晚，地铁上不算太挤，竟然多出了一个空座。王云清心情甚好地回到出租屋楼下，看着邻居牵着宠物狗从远处走过来，她立马按住电梯的关闭键，听着外面隐约的谩骂声，王云清不自觉地笑了出来。

洗漱一番后，王云清窝在沙发上打开了一瓶啤酒，想了想，删除了前男友的所有联系方式。这时候手机响了起来，母亲告诉她父亲的病情好转了，明年就可以减少治疗次数了，王云清听到这个消息后，欣喜不已。不久，她选择了辞职。

事情的发展方向不一定都是沮丧的，在答案出现之前，不要焦灼不安，漫漫长路总有回转的机会。苦涩终会转变为甘甜。

每个人都会度过一段孤独的日子，我们只要做到孤独而不迷茫，战胜自己内心的恐惧！要想在青春的迷茫中减少一分孤独感，自愈创伤，就要学会放下自己喜欢猜疑的习惯，既然你已经独立，就不必猜测别人怎么看你，越猜忌，越惧怕与人交流，就会变得更加封闭。

寻找自己的优点，建立自信，就会有很多人愿意和你做朋友。放松心态，试着主动联系朋友，即使不习惯面对面交流，也可以偶尔用社交网站关注一下朋友的动态。长期下来，就会有朋友主动找你玩。多和朋友分享自己的心情、新鲜事，释放内心的想法，心情自然会好很多。

如果还没有朋友，就主动去结交朋友，去寻找有趣的事情做，特别是集体类的活动，英语交流会、滑板、绘画等。多交流，内心的孤独、压抑就会少一些。交朋友其实很简单，只要你愿意，总会有志同道合的人对你产生兴趣。如果太羞涩，也可以通过网络、书信的方式交一些远处的朋友。

有时人们也会因为一些失败的经历感到孤独，这时候可以多去学习别人的做法，向别人讨教一些经验，在交流中慢慢解惑。

如果你认为自己的孤独都是别人的错，那就太有偏见了。不如考虑一下别人与你交往的感受，你是否是值得深交的朋友？是你的冷漠击退了别人，还是你的能力不足以和更好的人交往？互相理解，也许在你犹豫是否主动认识别人时，别人已经开始对你产生兴趣。当你真正主动去感受、关注别人的想法，一定会有一部分人接受你的热情，也许别人也正在经历着孤独，想让你主动找自己呢！

内心孤独不安一定要有些陪伴，它可以是你的书籍、电影，甚至是一些可爱又忠心的宠物，当你试着照顾一个宠物时，你会把一部分的时间放在这上面，当你喂饱宠物，和宠物玩耍，内心会产生充实的感觉，也就慢慢忘记了让自己不安的事情。

人或多或少都有孤独不安的时候，这时候我们要学着阻止负面情绪的蔓延，积极寻找解决孤单的办法，让自己忙碌起来，或是寻找一些慰藉，这样心灵才会以一种良性的方式循环。

3. 世界那么大，玻璃心怎么走得远

玻璃心的人到哪里都能受伤，世界那么大，处处碰壁的事多了去了，如果全都放在心上，那么内心的压力会有多

大？谁没有委屈过？谁没有受罪过？不要被一点点无关痛痒的话语刺伤，如果你受了伤，岂不是正中对方下怀？

李青忽然辞职了，连告别都没有。在同事眼里，他是一位特别聪慧、有能力的人。公司领导也极力挽留他，但他去意已决。有同事问他："为什么如此决绝？公司福利不错，再找要浪费多少时间？"李青愤愤地说："我受不了那个王主任，每次教训人都像疯狗一样，一点儿也不照顾别人的感受。"

很多人内心脆弱，别人的一句话，某个动作都会使他们感到被冒犯，内心委屈，情绪化，继而变得浑身是刺。在生活中摸爬滚打的我们时常遭受话语的刺激，恶意的中伤，每一个都记在心里难免太有负担，不如换个角度去看别人的负面评价，或许，我们也可以从中受益。

王简上班不久就得到公司领导的夸奖，还把最好的项目给她做。这让公司的老员工眼红得不得了，久而久之，出现了故意排挤、传她坏话的现象。这些人的行为越来越过分，故意告诉她错误的工作处理方式，害得她花了几倍的时间才做完工作，甚至故意把她调到不熟悉的小组做事情，结果还嫌弃王简做事生疏。

不久，王简又被身边的同事坑了一把，这个快要完成的工作在王简这里突然中断了，耽误了总进度。老板知道后，大骂了她一顿。同事冷嘲热讽地说："你没事吧！"王简一脸平静地说："没事，幸亏领导骂了我，不然我还没有发觉自己犯了多大的错误。只要问题解决了，挨骂也值得，我从不放在心上。"不久，王简就被提拔到主管位置，这时候欺负她的同事还在以前的职位。

玻璃心是打压我们心灵的产物，真正走得远的人都能够自我消化负能量，在委屈面前不妥协，不做负能量的接受者。谁不是一边挨骂一边成长？仔细想来，那些受委屈的事情很多事出有因，当自身的不足不断暴露出来，就会有人趁机用不好的言语刺激你。委屈时，不服输的内心会出现这样的想法：一定不是我的错，都是他们太小心眼，我真无辜，凭什么？我真是太弱小了，不敢反驳回去。这样的心态很容易成为别人打压你的工具，你的委屈、你的无辜都是那些中伤你的人想要看到的。

我们不必在意这些中伤，应该做的是不表露出自己的委屈，不让自己被打败；不选择逃避，用坚强的内心直面所受的委屈；反思自身的过错，发现不足并改进；如果发现自己没有过错，就一笑置之，一身轻松地面对未来的道路。

记住美好也是治愈玻璃心的好方法，经历过艰难的时刻，就会发现美好来之不易，当再获得就会特别珍惜。

刘若英出道前，在唱片公司就像一个清洁工兼保姆，什么都要做，要打扫公司的卫生，包括厕所，那时候和她一起搭档干活的另一位未出道的艺人就是金城武。当她不再打扫公司的卫生，开始唱歌发唱片时，觉得这份收获来之不易，也就不会在意之前所受过的苦，所受过的伤害。

很多时候我们会发现高效的行动和心态的转变更容易治愈自己受伤的心。在没有得到别人肯定，或是有人主动攻击我们时，内心脆弱的人会不断在脑海里重复这些画面，我们不能停留在原地，那些不被认可的状态只有自己解决才行。

在内心安慰自己，学会忍受，为了更好的生活无需在意这些让自己委屈的事情，内心强大后，就会发现自身进步非常快，不断在强大着内心，提升着能力。有时候，我们也会不耐烦现在的自己，想要赶快变好，好让自己不再被中伤，其实内心越急躁越做不好。不去追求极致，一点点行动，用稳稳当当的心态完成事情，就发现内心的脆弱逐渐被这些稳定的行动力安定下来。

有时候，如果解决不了自己的玻璃心，就多和别人交流，会发现很多人与我们的想法一致，感同身受，内心就少了一份委屈，多了一份释怀。和人聊天，尤其是和前辈聊天，会知道别人在受到委屈时，都是怎么处理，怎么完善自己的，从中讨教治愈心灵的方法。

玻璃心不可怕，不要过度在意自己，要不断提升自己，不断磨砺急躁的内心，慢慢地，就会发现那些会让我们受伤的言语、行为，已经无法伤害不了我们的内心。

4. 有些痛，总要慢慢学会去承受

随着年龄的不断增长，越来越多的痛苦积压在我们内心深处，千疮百孔的心灵不断消化着这些痛苦，严重的，不严重的，总要慢慢去承受。无论流汗或流泪，痛苦都不会仁慈地放过我们，这些痛苦千奇百怪，花样繁多。压力的痛苦、离别的痛苦、贫穷的痛苦……我们承受着生活中各种痛苦。

王俊雅独自在一座陌生的城市打工，没有熟人，找工作接连碰壁，好不容易租到一间便宜的房子，还被骗了几百块钱。沮丧的王俊雅坐在街道旁的椅子上，一肚子的怨气，却没有人可以诉说，不禁难过地流出了眼泪。

人生太过短暂，时间在磨炼人们的同时也在悄然离开，痛苦过去了就过去了，后悔自己没有拯救曾经的自己，还不如先拯救现在的自己。心里的那层防御倒塌，才会更加明亮开阔。谁也不知道痛苦什么时候降临，什么时候离去，我们要学会释然，懂得把过去的事放下，未来的路去尝试，直面棘手的问题，不要再惧怕痛苦。

王利安在一场车祸中失去了自己的双腿，车辆剧烈的撞击声还不时在脑海中响起，麻药后无知觉的大腿和出事时极度的疼痛形成强烈对比，王利安失魂落魄地想起自己从医院醒来的场景，他一睁眼就看见身上插着一些治疗的仪器，这些仪器困住了他的行动，最后他连呼吸都忘了。同时，家人喜极而泣地说了一句：“他醒了，他醒了！”

王利安听医生说，自己断了两根肋骨，双腿已截肢，这一瞬间，王利安像是掉进地狱。他想起小时候自己最怕疼了，摔倒破皮都要大哭一场。现在，医生要让王利安再做一次手术，看着父母花白的头发，他瞬间不好意思再到家人怀里求安慰。

第二次手术很顺利，陆续地有朋友来看望他，他最好的朋友心疼地说：“王利安，你哭吧，哭出来就好了。”王利安摇摇头，笑着说：“我没事，我好着呢！”等到朋友都走光，王利安摘下了假装开心的面具，一会儿又开始谴责自己：“难过什么，即使残了也阻止不了我活下去！”

承受痛苦，尤其是那些不请自来的，不能轻易摆脱的痛苦，它们会让我们烦恼、颓废、低落，就如一场大雨把庄稼都冲走了，只留下破败的土地。如果我们承受住了痛苦，这些痛苦会变成财富、收获，就像是施肥后的庄稼，茁壮，茂盛。

生活一部分就是在承受、包容外界，承受痛苦是为了支撑自己的心灵，支撑起的重量就代表了你内心有多强大。学着自我承受，我们的内心就会少一些受伤，多一些坦然。

5. 总有一段路，你得一个人走

总有一段路，要尝试拿出勇气独自走完。成熟就是再艰难、再麻烦的事情都能够独自应付。一个人走下去不是孤独，是成熟的标志。

王婉茹一个人到很远的澳洲上学，第一次一个人去这么远的城市待几年。父母很担心，但是也不能去陪读，于是王婉茹就开始了自己的国外生活。刚开学几个月，王婉茹就经历了很多个第一次，第一次做饭、第一次自己办入学申请、第一次在异国他乡打工。当然，在夜深人静的时候，王婉茹很容易沮丧，开始思念家里人。但是渐渐地，她适应了一个人的生活，变得独立起来，越来越会做菜，也学会了省钱，不像刚来的时候独来独往，现在能和同学交流顺畅，身边的朋友也多了起来。等到她回国时，父母都夸赞她更加独立了。

总有一些事情需要一个人去独自承担。生活不是妥协，也不是躲避，麻烦就是越躲越多，越害怕越有。我们表现得越卑微，无法独自完成。撑不下去的时候，其实也可能是开始转变的时候。那些暂时无法做到的事情，需要静静地等待，保持一颗宁静如水的心，开导自己，要在心里自我暗示：所有结果都能让我的内心变得强大，得偿所愿。

毕文丽刚毕业就去了大城市工作，住在潮湿的地下室，每个月的薪水除了吃饭和租房，全都寄给了家里。就这样过了两年，毕文丽渐渐感觉到自己的生活越来越无趣，看着朋友每天吃喝玩乐，而自己还在拼命地赚钱，她感到从未有过的孤独，没有人关心她，在意她的感受，最后她坚持不下去，选择回到家乡。

一个人身处异国他乡，一个人拼搏，有很多意想不到的麻烦事接踵而来，没有很好的心理素质，很快就会崩溃，让自己陷入惶惶不安的境地。如果我们有一段时间不得不独自拼搏，那么一定要保护好自己，学会给自己留后路。

当独自一个人时，身边没有可以帮助自己的人，这时候心态会低落，要知道这是正常的表现，不要因为低落的心情就做出损害自己的事。不埋怨自我和他人，低头做事，处理完事情是最重要的。不要因为突然离开自己原来的亲人和朋友而让自己陷入沮丧。懂得理解，这种举动是人之常情，埋怨和责备只是在伤害自我。保护好身体，才有力气独自前行，发现前方最美的风景。隐藏缺陷，前行时更加小心翼翼，面对艰难，披荆斩棘，最后苦尽甘来才是治愈内心的良药。

不刻薄待人，所有的辛酸、懊悔、怨恨、遗憾自己承担，等到事情解决后，会发现也没有什么可以埋怨的。人生在世，难免磕磕碰碰，自己掌握人生是多么好的事情，总比把所有的希望寄托给别人来得踏实。不把独自行走中的困难告诉别人以获得同情，因为别人未必那么在意你的经历。不要比较，比较会消耗多余的能量，比较会让心态更加崩溃。世界是不公平的，人与人之间的差距本就很大，比较只会自伤脑筋。比较后的偏差，只会造成不满足的心理。保持好的心态独自前行，你身上具备的品质，对方未必会有，何不好好爱自己？

当我们一个人行走时，容易走入歧途，把时间消耗在不值得的人身上。这时候没有人开导、警告，等到回过神，已被伤得遍体鳞伤。这时候也不要沮丧，反正还年轻，还可以经历更多，感受更多，世界上有大把值得做的事，值得遇到的人，偶尔遇见几个不正确的也没有什么。要相信以后会更好，发现错误，及时止损，时间和精力最宝贵，在这件事情上，要做一个心狠的人。

一个人行走，心理上不要逃避困难，一定要挺过去。要懂得一个人总要经历这些事，害怕、紧张是正常现象，不要躲避，稳住情绪，小心应对。

要知道没有天旋地转的变动，哪有沧海桑田的壮阔？没有跌宕起伏的人生，哪有登峰造极的成果？坚强的心态会使我们成为穿着盔甲的勇士，承受所有的愤怒、恶意、侮辱，却能屹然不倒，寻找到自己行走的目的，行动的目的，岂不是很好的事情？

6. 悲伤无处诉说，就找个没人的地方痛哭一场

情感压抑是现代人的通病，压力让人们喘不过气来。心里的苦化为情绪，发泄出去，伤害了很多人，也把自己伤得千疮百孔。当痛苦无法承受，会想着寻找一些方式发泄出来，想与朋友家人诉说，等要开口时却发现这些人都不在身边。

方中绮去年生下了自己的第一个孩子，喜悦的心情一过，烦恼接踵而来，为了全身心地照顾孩子，方中绮选择辞职在家，拒绝了家里老人的帮助，义正辞严地说，坚决要自己带孩子。

可是时间一长，方中绮的心理就出现了状况，她发现自己的生活重心都在孩子和老公身上，生活开始枯燥起来，变得多疑、抑郁，开始对家里的一切挑刺，她开始认为自己的孩子有些木讷，没有别家孩子聪明，于是报了很多早教班。

她又觉得丈夫越来越不关心自己，又没有人可以倾诉，就这么憋在心里，无法排解。

内心痛苦时，我们喜欢把痛苦诉说出来，因为这是最直接的发泄方式，倾诉是人们的本能。但除此之外，发泄的方式还有很多。比如，通过社交网站、运动、听音乐、写小日记，等等，但是这些发泄方式都不如痛快哭一场来得简单、肆意。

经常性地倾诉发泄情绪，麻烦别人，别人甚至因为这些负能量远离我们。生活压力越来越大，很少有人能耐心倾听别人的烦恼，更不会对这些烦恼感同身受。对方感受不到这些痛苦，难以产生共鸣，对别人而言，我们的痛苦只是生活的调味剂罢了。与其这样，还不如独自肆意地哭一场，与自己和解，用痛哭的方式发泄情绪。

王安贤就要大学毕业了，在这炎热的6月，她还是没有找到工作，内心的焦虑也没有让生活变得更好。不久她的男朋友向她提出分手，为此，王安贤的信心大受打击，工作也不想找了。消沉了大半个月，才在亲戚的帮助下去做了一个和自己专业毫不相关的工作。不久，王安贤就坚持不住离职了。

她本想找个自己感兴趣的工作做，结果几十个面试接连被拒绝，屡次受挫的王安贤倍感沮丧，家里条件本来就不好，王安贤也不好意思朝家里要生活费，只能住在几平方米潮湿的地下室里。白天面试，晚上窝在地下室里，也不敢和家人说实话，就这么一直憋在心里，王安贤感觉身心疲惫。直到她路过一家味道很香的餐馆，饥肠辘辘的王安贤发现自己没有吃饭的钱了，想着想着就觉得委屈，便一个人大哭了起来。

《逆光飞翔》有这样一句歌词："有时想大哭一场，找个没人的地方。不需要同情的目光，自己给自己力量。"诉说苦楚确实很重要，但独自一人的哭泣，也是我们最坚强的发泄方式。在悲伤的时候，虽然心情不好，但是也要保持头脑清醒，不把悲伤强加给别人。哭泣是治愈创伤的良药，当不好意思在别人面前哭泣时，就独自一个人哭。以自愈的方式让糟糕的事情一点点被淡忘。

关于哭泣，南佛罗里达大学的一名研究员乔纳森·罗滕贝格曾经做过这样一组测试。他发现经常大哭的人，在哭泣时更能改善心情。研究者挑选了几十名年龄适中的女性志愿者，要求她们每天写心情日记，要记录这几个月曾经哭泣的原因、时间、地点、感受等。研究者发现，大部分人在哭泣后心情有明显的好转，而这些人都是在哭泣时，情绪比较亢奋的人。因此我们会发现，其实治愈心里的创伤，不应该把事情憋在心里，或者默默流泪，放声大哭是最好的选择。所以，独自一人时，就不要压抑自己，放声大哭是最好的选择。

压抑导致积郁成疾，所以心里苦闷时不要压抑，不如大哭一场自我救赎。即使再渺小的人也有一丝情绪要发泄，大哭对自己来说是不可多得的自我治愈方式。

7. 所谓坚强，就是没人让你依赖

我们大多数人坚强的理由一般有两种，一种是与生俱来的强大内心，做事井井有条；还有一种是在突然没有依赖的情况下，慢慢变成了独立坚强的人。前一种是早熟，早早当家，在社会立足。后一种是被人保护得很好，却独自闯入艰难中，经历各种遭遇，在积累经验中不断磨炼自己。变得坚强的一部分原因取决于周围人对自己的态度，没有依赖以后，总要独自坚强，独自治愈被外界刺伤的心灵。

李少芬二十岁之前一切都过得很顺利，父母恩爱，家庭和睦，集万千宠爱于一身。她也没有辜负家里人的期望，从小就成绩优异，大学顺利毕业，毕业之后听从家里的安排在亲戚的公司做文职。

直到今年夏天，李少芬的父亲病逝。李少芬突然间失去了一个依靠，她第一次知道，原来人是这么脆弱，亲人会在她猝不及防的时候离开。一夜之间，李少芬仿佛长大了不少。她消沉了一段时间后，选择离开亲戚的公司，找了一份真正适合自己的工作，一边照顾母亲，一边工作。

内心变得坚强，无非就两种方式。一种是内向驱动，通过思考和一些外界的经验，发现自己应该独立做些事情，并且自行制订了一份长远的规划。有规划，务实，自然对未来的道路少了许多担忧、焦虑。

还有一种就是被迫坚强，因为某些变故、突如其来的难题、突然面临的财政危机等变得坚强。这些困难迫使我们改变从前安逸的生活，在毫无准备的情况下，面对危机，这时，我们会出现紧张、惶恐、悔恨的心情。这样的经历会在内心留下些许创伤，因为安逸的人突然发现，当困难降临时，可以依靠的支柱突然消失了，自己不得不变得坚强，才能立足社会，这对于温室的花朵们来说是一件残酷的事情。

家里突然遭遇变故，亲人离世。这时候最有用的，内心自愈的方法是给自己一段时间适应、治疗，在这段时间梳理自己的心情。慢慢明白想要做什么，不要上来就强迫自己坚强，这样会难以治愈失去亲人的创伤。

王来义好不容易进到一家公司，没想到他最喜欢的那个职位被别人占去了，最后调到另外一个职位工作。没想到上班第一天就被领导骂了一通："你知不知道这个职位是给谁的？你也敢来吗？"

王来义这时终于清醒过来，但为时已晚。于是他咬咬牙，心想："总要做出点成绩吧，好不容易进来，总不能刚来就走。"令他没想到的是，这一犹豫，就成为了那个背锅的人。

只要一有好项目，就是那个"优待人"的功劳，做坏的项目就由王来义承担。王来义深感疲惫。他的父母偶尔会问起他工作的近况，王来义都往好的方向说，不敢说实话，怕父母担心，王来义咬咬牙，坚持了下来，在一次调研中，王来义表现优秀，被上级领导发现，终于在第二年的春天被提拔到总部工作。

失恋、失业时，每个人的反应代表了他们内心的驱动力，如果我们一开始就做好心理准备，仔细规划接下来的人生，就会发现，即使没有人可以依靠，自己也能够解决。内心也因为接受了结果变得平和，平和也是抵御失意的法宝。

我们要保持理性的心态，真正的坚强不是刻意展现能力、果断行动，而是能够自行治愈内心脆弱的一面，在面对艰难时，不露怯，不刻意伪装。把学会坚强当成一种磨砺，当一个人认识到自己不够坚强时，就是在展示自己真实的内心。这时候要学会承认自己的柔弱，但不要甘愿做弱者。遇到苦难时，拿出逆水行舟，不进则退的行动力。

苦难不会因为我们没人依靠而停止，能否在苦难的境地里保持平和的内心，才是应对挑战的第一步。面对生活的压力，心中要拥有明亮的阳光，对苦难不抱怨、不逃避，才能修炼出强健的内心。

第三章

世界越是薄情，越是要活得热气腾腾

1. 去了一趟菜市场，忽然就不想自杀了

烦恼太多，不断增加着物欲，在意着升职加薪，在意着你来我往的相处。有时候不如把这一切抛在脑后，只体会一日三餐带给我们的满足，简单快乐。菜市场是最治愈心灵的地方，去逛一逛菜市场，提着篮子，走在热闹的道路中央，从街角的煎饼果子，到吆喝着卖秋裤的小贩，再走过一排排各式各样的蔬菜摊，听摊主和买家讨价还价的声音，此起彼伏。热闹的市场把内心的忧郁一扫而空。

北漂了七年的王夏安遭遇了人生中的重创，由于他时常加班熬夜，被检查出多种慢性病，这时候他才开始警觉，人不是铁打的，总会有一天垮掉。带着沉重的心情，王夏安拿着病例破天荒地请了一个星期的假。

这天他早早起床，看着后移地发际线，摸着头叹了口气。接着在脑海中里冒出了这样消极的想法：人活着是为了什么？为什么要这么拼命地工作？正在他伤春悲秋的时候，隐约听见了楼下的吆喝声。以前每到这时候，王夏安都忍不住皱起眉头，躲在被窝里捂住耳朵补觉。

不如下去转一圈。王夏安想着，他鬼使神差地拿起手中的钥匙，走下楼，跟着前面几位早早起床想买便宜菜的大妈，来到了小区的菜市场。越走近吆喝声越清晰，等走进人流后，目之所及是新鲜蔬菜，刚出锅的花卷正冒着热气，新鲜磨出的芝麻酱香味缓缓飘过来，王夏安内心生出了一股暖意，之后是肚子咕噜噜的叫声。

他立刻买了半斤肉、一些蔬菜和几个花卷，回到家后，便做起了早饭。刚做好的菜摆放到餐桌上，和外卖截然不同，多出了一丝温馨。吃进嘴里，满足感油然而生，王夏安觉得这才是生活。

逛菜市场是许多人都爱做的事情，特别是老年人，最喜欢逛早市，不仅可以买到便宜的菜品，还是照顾一家人饮食的重要步骤。在路上碰到熟人唠几句闲话，与小贩讨价还价，吃上一口热乎的豆腐脑，拎着载满蔬果的篮子回家是多么幸福的事情。

不光是普通人喜欢逛菜市场，一些名人也热衷于早早起来去菜市场挑选新鲜的蔬果。影星周润发常和家人去买菜，附近商贩都能热情地和他聊上几句。古龙认为，如果一个人想自寻短见，就一定要去菜市场逛逛。艺术专栏作家马未也描写过菜市场和超市的不同之处，他说："今天的城市人常去超市，而且是五脏俱全的那种超市，蔬菜并不是主角；菜市场则不同，买家卖家平等，菜鱼蛋肉永远是主角，琳琅满目，让人们对生活充满信心与乐趣。”

逛菜市场的乐趣在于热闹，进到菜市场，就能看见一群群的人，想要快步走是不行的，每到一个摊点，或多或少听见附近的交谈声，“再拿点凑个整吧！”“多收一毛送您个小柿子尝尝。”“咱这蔬菜新鲜，炒着吃煮着吃都好。”充满着人气的街市，还有人情味，让冰冷的城市多了一丝生活氛围。热闹压制了人们内心黑暗的一面，从这里吸取能量，慢慢消散掉轻生的念想。

菜市场是接地气、有烟火气的地方。如果在一家市场多逛几次，一定会有自来熟的小贩热情地招呼回头客，偶尔还能聊上几句。著名美食家蔡澜每到一座城市就喜欢先逛逛这个城市的菜市场，每座城市的食材都不全一致，不同地域的菜贩有着不一样的做菜心得，对他来说这些不同之处新鲜而充满惊喜。

杨云清早早当上了母亲，带着两岁的孩子，身心疲惫，对她来说最轻松的时刻就是把孩子托付给父母，拿着菜篮去菜市场采购食材。在热闹的市场里，杨云清只需记得挑选食材，把负担放在一边，感受着新鲜食材的味道，仿佛作回那个曾经自由、纯粹的人。想着买来的食材可以做些什么菜，煮着吃还是炸着吃，逛菜市场成了她疲惫后最大的安慰和寄托。

菜市场没有尔虞我诈，有的是各种蔬菜和冲散消沉情绪的力量。说是魔力也不为过，每个菜贩都有着热情吆喝的技能，能把客人买来的食材道出好几种做法，让买客不禁为之描述的饭菜咽口水。所以，还没吃上几口热腾腾的饭菜，哪还有心思去轻生？如果内心压抑，不妨尝试去逛逛热闹的菜市场，这与冰冷又精致的柜台截然相反。

疲惫的人们，被生活压得喘不过气的人们，有必要尝试一下，不管日子多难过，也抵挡不了突如其来的热闹。民以食为天，看着满满当当的食材一定会觉得安心，听着喧闹的吆喝一定会被热情打动。看着这些陌生人都在认真地挑选菜品，费尽心思地讲价，比自己艰难的人都活得如此认真，自己又有什么理由去轻生？以这种心态活下去，用外界的热闹感染自己，未尝不是一种自我治愈的方法。

2. 不要灰心，这个世界上总有人偷偷爱着你

这个世界从来都不完美，时刻充斥着残酷的竞争，当我们面对苦难，感到万分疲惫，日渐消沉时，要记得你不是一个人，这个世界上总有人在偷偷爱着你。心情不好时，也不要以为全世界都在与你作对，发现生活中的偶然片段，会发现自以为糟糕的事情中夹杂着许多不经意的感动。

在一个社区里，有一位老人会在复活节那天在人行道上喷上兔子脚印，给社区的孩子制造梦幻的场景，几十年的复活节都是如此，直到老人去世。社区的居民以为再也不会看见可爱的兔子脚印了，次年的复活节，社区的道路上又一次出现了兔子脚印，原来老人的家人延续了画兔子脚印的行为。

一位女子蹲在马路上哭泣，陌生的司机发现后想要下车帮助她，没想到得到这样一句话："走开，不要管我。"司机没有再去安慰，而是打开了车灯，并请求警察协助，直到民警到来，司机才离开。

一名星巴克的店员为了能让一位听力有缺陷的顾客了解自己的意思，索性去学习了手语。在他学好的那天，他给这位顾客递了一张纸条，上面写道："我会手语，你能在我这里得到和其他人同样的服务待遇。"

世界上有许多温暖的人，他们乐于帮助别人，积极向上。一个人的善良是藏不住的，生活虽然有很多不易，但也要相信世界上有很多善良的人，在我们经历无数艰难，感到绝望的时候，不要心灰意冷，要知道还是有很多人爱着你。

暴雨中，一位开着面包车的小伙子，看见无处躲避的环卫工，主动提出要他到自己车里躲雨。幼童突然跑到路中央，眼看对面有一辆车驶来，执勤交警冒着生命危险飞速跑过去，救下了孩子。情侣吃过晚餐后，看见路过的流浪汉，把打包的饭菜送给了对方。公交车的座位上偶然看见一张纸条，上面写着："椅子是湿的，请勿坐。"前来送孩子考试的母亲看见考场外执勤的武警笔直地站在考场外，而外面还下着瓢泼大雨，便拿起手里的伞撑到了武警的头顶。

生活中，陌生人的善意数不胜数，很多时候我们需要一双发现美的眼睛，多看看这些美好的事情，心态慢慢会变好。

一位名字叫做"我是暗器啊"的网友在社交网站上发表了这样一句话："器官捐献书我签过了……我努力过了，但是也真的撑不下去了，对不起。"这条消息中透露着轻生的念头，看到这条消息的陌生网友瞬间紧张了起来。

不到三天时间，已经有超过三千多的评论，这些陌生人都在努力安慰她，希望她能够看见。有人安慰她说："虽然世界没有那么好，但还是有爱你的人在啊！"还有人在评论中邀请她去自己的家乡玩："我在南昌，这边有超级好喝的瓦罐汤，还有音乐喷泉……"甚至还有网友聊起自己黑暗的经历，以安慰这位想要轻生的女孩："姑娘，我以前也抑郁过，曾经非常崩溃，每天感觉都撑不下去了，但是有人拉了我一把。"

正当事情愈演愈烈的时候，有网友在她晒出的图片里发现了女孩所处的城市。网友们纷纷求助当地警察，当地警察了解情况后，称其家人已报过警，警方在江边巡逻时找到了要轻生的姑娘。救下姑娘后，立刻检查了她的身体状态，还好心地将她送到心理辅导部门。之后几天，女孩的朋友通过社交网站回应网友，女孩一切健康，这些陌生的网友才放心。

陌生人也会展现出善意，当我们觉得生活不下去的时候，别忘了还被很多人记挂着。我们要知道，除了陌生人的爱，还有家人的爱、朋友的爱。父母的关怀，父母在我们懵懂时就已经无微不至地照料着、关心着我们。为了供孩子读书，起早贪黑地工作。朋友之间的关怀，在困难时关心问候，为了听你诉苦，放弃好不容易得来的休息时间。爱人之间的关怀，七十多岁的老奶奶失去行动能力，从此老爷爷每天帮助老奶奶整理仪态。

不要对这个世界心灰意冷，远离孤独，用心感受别人的爱意，感受自我存在的价值，认同自己在社会中的位置。对别人的爱充满渴望，主动发现别人的爱，在内心感受爱意，通过细腻的发现治愈心灵伤口，曾经的伤害算不了什么，重要的是记住那些自己收到过的爱意。

3. 爱情不能糊弄，生活也是一样

很多人都说爱情就要轰轰烈烈，浪漫又刻骨铭心，不搞些跌宕起伏的情节都对不起谈过的一段恋爱。但我说不只是爱情，生活也需要这样的仪式感，过得了轰轰烈烈的生活，热烈又认真地处理柴米油盐、家长里短，耐心去改变原来无趣的生活。

王泉每天为工作东奔西走，早早出门，很晚回家，已经忘记了需要打扫房间。房间请小时工来打扫，吃饭就靠外卖，家里丝毫没有人气。一到周末，王泉就躺在床上休息，晚上和朋友泡酒吧，没有节制的生活让王泉病倒了。他给自己放了一小段假，王泉在朋友的提议下去了云南的一座小城市，每天喝喝茶，养精蓄锐，看着这片蓝得出奇的天空，王泉觉得这才是生活。

把现实生活过得像恋爱一样不可糊弄，心态也会变得更好。但实际上很多人像王泉一样，外表光鲜亮丽，背后却在肆意挥霍生活，糊弄自己。就像很多人在外画着精致妆容，穿着最新款的时尚单品，家里却脏乱无比，没有规律的饮食也让身体打上了危险信号。

真正的不糊弄是什么样呢？在《乱世佳人》中有这样的一个情节，主角郝思嘉在极度穷困的时候，依旧不忘照顾好自己的外表，她用家里的窗帘做出了一套连衣裙，穿着它去与男主交涉。《小姨多鹤》里的主角多鹤每日在条件艰苦的煤场工作，回到家后也不忘把家里打扫干净，做一锅香气扑鼻的饭菜。无论在多么困窘的时刻都要精心照料自己的生活。

刘鲁青下班后买了晚上要吃的食材便早早回家。打开音响放好音乐，开了一瓶红酒，听着音乐喝着红酒做菜。低头切菜时，她这一天紧绷着的神经放松下来，很快她做好饭菜，打开最喜欢的电视节目，一边吃饭一边看起来。

饭后她开始照料家里的盆栽，浇水，喂营养液，并且拿出本子记录下植物的成长过程。之后她又开始打扫，把梳妆台整理得干干净净，洗好换下的衣物，拿出一本看到一半的书继续阅读起来。

如果仔细看她的梳妆台会发现，她的每一个护肤品都会标着便签，写上保质期以防止浪费。衣柜里的衣服都会根据喜欢的搭配放在相应的袋子里，并且打印出穿上去的效果图。睡前刘鲁青会做一会儿瑜伽，泡一次脚，舒缓身心后，便沉沉地睡下。

快节奏的生活让我们焦虑，对一部分事情糊弄了事，其实这样的生活会让身心更加疲惫，浪费了很多可以享受的时光。我们应该学会精致生活，做一个充实的人。

粗糙的另一面是精致，精致会让生活更原生态，更加内在化。不糊弄的生活治愈人心，生活的创伤大部分来自于粗心的经营，导致无法挽回的后果。

不糊弄就要从自身做起，改变生活作息，早睡早起，吃一顿有营养的饭菜，不委屈自己，偶尔给自己小惊喜。享受独处，不是感受孤独，独处时可以有很多事情做，可以放松大脑，平静心灵。

同有趣的人交流，有情趣的人会有许多有意思的想法等着我们学习，他们会注意到别人看不到的细节，发现小美好、小快乐。他们对待苦难更加乐观，享受化解矛盾的过程，有趣的人更让身边的人佩服、倾慕。生活不只在于外表的美好，内在的舒服才是最重要的，有情趣的人，除去外表，内在更加五彩缤纷。

发现这些人后，试着学习他们对生活的态度，争取自己也做一个懂得情趣的人。了解其中真谛，会发现即使穷困的生活也能过得多姿多彩，世上有许多不用钱也能快乐的事，树上一片掉落的叶子，一束温暖的阳光，一次冥想，一个有纪念意义的生活记录本，感受生活美好，会发现曾经压抑的心灵慢慢得到治愈，那些令自己痛苦不已的事情现在想起来是那么可笑。

曾经发现打扫卫生是多么令人头痛的事情，现在觉得这是一种身体的释放和享受。曾经多么依赖手机的通讯记录，现在发现用日记本记下的生活片断更加真实。把生活过得像爱情一般，生活就是我们的恋人，越细心经营，生活越爱我们。

4. 面对阳光，你就会看不到阴影

“爸爸，你知道我的前面为什么总是有一道阴影吗？”小女孩指着这道影子问。

“你转过来，面向阳光，影子就会到后面去了。”小女孩听后，转过身子，影子立刻消失了，并且看见了明媚的阳光。

海伦·凯勒说：“把脸一直向着阳光，这样就不会见到阴影。”一个生活在黑暗中，一辈子听不见、看不见的人，也没有对命运屈服，一路披荆斩棘，活出最优秀的自己。《假如给我三天光明》是对生命的热爱，化作一束阳光，激励着每一个了解过她的人。那种用尽全力感受世间美好的劲头，那种对于常人来说轻而易举就能获得的东西对她来说是三天的奢望。“我把落日想象为一座很大的玫瑰园，园中的花瓣从空中纷纷扬扬地落下来……把活着的每一天看作生命的最后一天。”她描写的世界中充满着阳光、温暖。

1880 年，海伦·凯勒出生在美国东南部亚拉巴马州北部的小城镇里，家人欣喜若狂，但她突然染上重病，一岁半便失去了听力和视力。这么小的孩子，突然生活在没有声音、一片黑暗的世界里，那时的她对生活惶恐不安，脾气变得越来越暴躁。

直到她的老师安妮·莎莉文的到来，在她七岁时慢慢地改变现状，她开始学习认字、交流、阅读、写作。为了能清晰地知道声音，她把金属棒放在嘴里，感受发音时的震动频率，后来她的老师教她把手放在喉咙处感知声音。

根据老师的教导，她在学习时给自己制定了四个小步骤，每天坚持学习十个小时，从练习拼写到能熟练阅读大量名著和诗歌，其中消耗了海伦·凯勒许多汗水。最终她被哈佛大学女子学院破格录取，与许多正常健康的人在一起学习。她不仅成绩优异，而且同时掌握了五种语言。她一生中出版了十四部著作，被誉为无与伦比的杰出作家。她还帮助许多残疾人，建立慈善机构，为残疾人公益做出不少贡献。

有些人在别人难以想象的努力中，不断攀爬，像是一束正在蓬勃生长的植物，不断朝着太阳的方向生长。不同于一遇到挫折就放弃的人们，这些人的心态能够感染到别人，他们的精神使人感动，并萌生出勇气。这个世界如此美妙，又有多少人真正欣赏，真正懂得在不幸的境遇里，选择放弃黑暗，面对阳光？

这个时代经常有人传播负面情绪，一旦欠缺定力，就会陷入欲望旋涡。清醒的人懂得直面阳光，背离黑暗，懂得拒绝诱惑，选择积极向上的生活。电影《阳光小美女》里的奥利弗问她的舅舅：“你为什么总是不开心？”奥利弗眨着眼睛，仿佛看不懂舅舅有什么好忧伤的。这时候的舅舅已经因为爱情和事业的双重打击，是个偶尔会做出轻生举动的人。

奥利弗的单纯阳光仿佛不断治愈着这位失意的舅舅。当我们生病、寂寞、穷困潦倒时，阴影就会慢慢吞噬我们的身体，悲观厌世，脾气暴躁，行动力缓慢。其实只是太过在意负面情绪，不肯记住那些轻而易举就能获得的温暖。

阳光就在背后，只看我们敢不敢迎接，作者七月在《心若向阳，何惧忧伤》中写过："世界的模样，取决于你凝视它的目光。"那些曾被人温柔以待的时刻会忍不住想要记住、留念、回忆。七月曾提到过那些温暖的事情。在他赶时间却打不到车，正在焦灼时，暖心的路人要拉上他一程，他瞬间觉得生活有了希望，心里的大石头终于落地。

天空下着暴雨，他淋成了落汤鸡，心情极度糟糕时，附近的路人把伞举到他的头顶，一个小小的举动，让闷热又阴沉的空气中夹杂着一丝暖意，好像阳光透着沉重的乌云往外透出光来。

他有一次挤公交，从城南到城西，提着行李箱来不及擦额头上的汗，却发现没带公交卡，兜里一点零钱都没有，面对气势汹汹的售票员，一位路人看不下去，帮他付了公交费。在他想要记下路人的联系方式好还钱时，路人只是摆摆手，就下车了。

早晨异常烦躁地赶路，却被地铁边穿着玩偶发传单的小哥温暖到。孤身一人面对世界的纷扰，却在途中遇见值得相交的朋友。很多时候我们只要心中向往太阳，太阳自然会到我们身边，因为有太阳，就不会害怕苦难，不会害怕失望。植物喜欢朝着有阳光的那一面生长，因为阳光就是植物的养分。我们如同植物一般，在黑夜中等待黎明，拼命朝着温暖的阳光伸展，心中有阳光，又何必恐惧？

5. 没人陪你颠沛流离，那你就做自己的太阳

做好守护自己的小太阳，不任性，不做被人惯着的孩子；不懦弱，不让别人认为我们很脆弱。学会独立，依靠自己。感情受挫，学着释然。学着自我缓解痛苦，把内心的压抑和原谅放在一起。痛苦难免会出现，没有人陪你颠沛流离，就自己解决困难。无力改变现状，就改变自己。失望不是一件坏事，有期待才有失望，有了期待就勇敢迈出第一步。这时候我们的心态就会有所转变，一处美丽的风景，一段经典的电影对白，一次满意的购物狂欢，都能变成治愈心灵的小太阳。懂得痛苦才会更坚强，经历沮丧才能成长。

王罗青突然想起和几个朋友聚在一起的场景，那时候大家最喜欢做的事情就是在一起天南海北地聊，什么刺激聊什么。王罗青又想起来曾经恶搞朋友的一幕幕，大家一起为另一个人庆生时的片断，一起拍搞笑视频的那些日子。不过距

离和这些朋友分开已经有两年了，一毕业大家各奔东西，有的在北上广飘荡，有的出国继续深造，想每年聚一次都很难。

微信群、QQ（即时通讯软件）群的聊天记录纷纷为零，曾经热闹非常的群聊，现在清冷无比。现在，一打开社交网站，不是为了和朋友聊天，而是为了和客户沟通最近的项目安排。王罗青发现，生活还是要靠自己，曾经再好的朋友也没有办法互诉衷肠了。偶尔和许久不见的好友聚一聚，吐槽身边的不快，再一转身，王罗青发现，生活的苦楚还是要自己扛。

颠沛流离不只是漂泊，还有怡然自得的乐趣，虽然免不了离家远行，但是一路的风景是美好的，颠沛流离教会我们要好好爱自己，不徘徊于痛苦之中，长此以往，我们会发现自己越来越独立了。以前遇到点什么挫折就和朋友抱怨，向家人寻求帮助。现在即使经历着最艰难的事情，依旧自己来解决，然后一笑而过，没人知道我们曾经经历过什么，所有事情看起来都不那么重要，但都在努力往好的方向发展。

做自己小太阳的人有一个自由的灵魂，想做什么就去做，想要什么样的生活就拼命去争取，不依赖别人，也不完全听信别人的看法，甚至会讨厌成为和别人相同的样子。多对自己好一点，不是自私，是珍惜自我的表现。如果你一直在抱怨，那一定是太自私了。不要因为另一个人的存在迁就对方，很多时候，这样的迁就导致了有些人无法创造出完美的心境。

对外界保持新鲜感，但是也要拥有一颗平静的内心，不过多期待，也不过度沮丧。看尽世间繁华，上得了大雅之堂，也承受得住生活的平淡、慢慢臃肿的身材和别人的背叛。越独立，心态越好，承受能力越强。

不要过成自己最讨厌的样子，过极少数人的生活，最容易得到简单的快乐。慢慢发现走过的路没有人陪伴也是好的，保持一颗随时燃烧的心，暴雨将至也浇不灭心中的太阳。越独立的人越懒得和别人相处，减少不必要的社交，其实这是好事。也许新认识的朋友到头来还不如曾经的老朋友靠谱，多几个熟人以后未必派得上用场。

尽管如此，还是有很多人不可避免地扮演各种惹人喜欢的角色，结束这一切后才发现独处是多么珍贵。人们生来本就是孤独的，我们是别人的过客，无数的人从身边擦肩而过，留下的却没有几个。我们要清楚地知道这一点，珍惜留下来的人，不刻意抓住留不住的人。

保持一种心态，抱着大不了各奔东西的想法看待身边的人，别回头看，向前看，做自己的小太阳，谁离了谁都一样，安心做好自己的事情吧！这个世界看似奇形怪状，千变万化，其实就那么几个选择，没人陪就自己去，这没什么，不要愤恨，不要气馁，保持平稳的心态治愈自己，把内心变得更强大。

6. 把自己活成一个励志故事

在这个物欲横流的时代，每个奋斗的人心中都希望完成自己的目标，不管是对金钱的兴趣，还是对地位的痴迷，付出行动，生活才能改变。很多事情不如想象中那么容易，现实与想象的差距令一些人开始消沉。与这些人不同的是，还有一些人把自己活成了励志故事，即使在暗无天日的环境里，也能做自己的主角。

一个普通家庭长大的孩子，家中遭遇人祸，高考又失利，去了一所普通院校，拿着每月三百块钱的生活费，开始了她的大学生活。她做家教，讲课到很晚才往学校赶。做过商场促销，因为嘴笨受到同行排挤。发过传单，为了多挣几十块钱，在北方冬季街道上站了十几个小时。实习了十四个月也毫无怨言，每天四个小时的路程，却没有一天缺岗。赚了钱舍不得吃贵一点的饭，把钱攒起来报学习班，学到新本事又开始继续赚更多的钱。

一次她在地摊上买到了一本三块钱的励志书，里面讲了如何成为更好的自己之类的内容，她把上面的一些话写在纸上，贴在墙上激励自己。

毕业后，她签到了一家国际知名的外企，负责人力资源的人说：“你的英语不够好。”她想：“既然我的英语不好，我就把中文学到最好。”于是，从那天开始，她每天在下班后的几个小时里开始练习写作，每天写到凌晨两三点，第二天照例准时起床上班。那时候微博和微信还没有火起来，她就在博客里面写，每天坚持写一千五百字。这样的坚持得来的是周围人的反对，但她不放弃，终于利用下班时间写出了上百万字。

慢慢地，她的文章经常上博客首页，阅读量达到了一百多万，一些出版社开始邀请她出书，媒体邀请她开专栏。直到现在，她已是豆瓣红人，发布的文章阅读点击量积累上亿，成为教育类知名博主。她就是教育达人“一只特立独行的猫”。

当我们心灰意冷，对生活不抱任何希望的时候，我们要做的是不像其他人一样颓废、被动做事情。未来的因素都是不确定的，谁也说不清未来是否能成为想成为的人，但是我们一定要保持良好的心态，满怀希望而不要绝望。在失落中奋进，在行动中完成自己的想法，当我们做好一件事，在喜悦中一定会慢慢治愈好自己曾经受伤的心灵。

五十岁的董海鹏已是在城里混得不错的人，开了一家年收入百万的公司，却在年过中旬时，选择到乡下做“秦岭花世界”。2011 年，她开始对长安国家现代农业示范区感兴趣，她突然想回家乡开拓一片属于自己的天地。

说做就做，她开始考察市场、研究种植。第一年，她种植的蝴蝶兰发生变异，赔了钱。接着在给花换土的过程中，发现大量花朵出现了“霉病”现象，无法成活。一开始的失败，令她沮丧不已。她开始虚心接受专业农技师的指导，整天待在花棚里研究花卉栽培，从一个门外汉，成为了有独到见解的专业人士。

十年间，“秦岭花世界”的规模扩大到六百五十亩，一时间花朵争奇斗艳，她培育出蝴蝶兰、红掌、大花蕙兰等一百万株，除此之外还有其他百种花卉。她又与当地农民合作，带动一百三十家生产大户，帮助扶贫二十九户，带动周边农户种植了三千三百亩花卉，参与的农户就有一千五百户。

董海鹏曾谦虚地说自己还是个新农民，她不满足现状，还想着继续扩大规模，打算将“秦岭花世界”建成西部地区最好的花卉物流中心和产业基地，把旅游、销售、生产、研发集于一体。如今她还在为这份事业继续努力着。

当我们成为励志者，成为别人学习的标杆，我们的心态也会往好的方向转变，这不是无中生有的事情。励志不只是给自己看，对社会的发展也有相当大的好处。

或许现在生活不易，但现在所受的苦，一定是未来励志成才的铺垫，去做值得做的事，不轻言放弃，曾经沮丧的心情也因为这份激励转变，“打鸡血”也不会成为说说而已。

7. 伤心也不皱眉，你不知道谁会爱上你的笑

泰戈尔说过：“纵然伤心，也不要愁眉不展，因为你不知是谁会爱上你的笑容。”即使难过也要保持微笑，因为没人会关心你的眼泪为谁而流。珍惜现在，享受当下，不为过去的事情烦恼，做自由快乐的自己。要懂得放下过去，迎接未来的生活，不徘徊于往事，不为逝去的青春忧伤。即使再痛苦，也不要忘记展现自己的笑容，让别人记住你优秀的一面，慢慢地，你的伤心就会变成快乐。

人生哪能事事如意，总有那么几次失败，我们要想治愈因失败而受伤的心灵，就要保持微笑。不管这种失败是因为名利，还是嫉妒，抑或贪婪。放下它们，不再让这些成为自己的负担，跟着感觉走，轻松生活下去。要想完全忘记悲伤带来的创伤，就要勇敢面对，努力改变现状。

王均昭从上个星期开始就为自己的职业资格证担忧，“万一考不上怎么办？”“万一白白努力一把怎么办？”看着王均昭担心得吃不下饭，父亲很难过，打算想个办法鼓励她。一天早上，王均昭照例起床吃早餐，因为昨天晚上担忧过度，现在她的脑子有些眩晕。

一个眼花，不小心打翻了桌子上鲜榨的果汁，只听一声脆响，玻璃杯碎了，果汁从桌子上滴答滴答地淌到了地上，

王均昭心疼地皱起了眉头，这季节的水果都特别贵，鲜榨的果汁就这么浪费了。

王均昭还要进一步挽救的时候，她的父亲抬起头对她说道："果汁没了就没了，再怎么伤心它都不能复原，何必因此而苦恼。"王均昭听后觉得有点道理，但还是忍不住心疼。父亲说："你的职业资格证考试也是一样，过了就过了，没过就没过，局面无法改变，又何必为这些事情愁眉不展。"王均昭听后恍然大悟，第二天，她再也没有因担忧结果而影响生活作息。

就是这样，伤心也不会对结果有任何帮助，还不如多笑笑，多用快乐的情绪感染别人，没准你在这一方面失败，却能在另一方面获得别人的注意，这就是良好的生活态度带来的好处。如果在失望时保持一个微笑的状态，我们可以把失望值抬高，这样就很少有事情让我们失望了。什么都不在乎，就不会受到伤害，那么就越容易保持微笑。

无所谓是治愈受伤心灵的标准，无所谓更能把别人看透，把自己看透，于是就减少了外界的伤害，成为更加坚强的人。

有位拳王在一次比赛中被对手打败，伤痕累累，所有人露出了失望的表情，比赛后这位曾经的拳王并没有沉浸在悲伤之中，甚至说出了这样的话："从现在开始，我不会活在过去。"因为无法打拳，他就做幕后，做拳击比赛的策划，成为拳击手经纪人。现在他的生活依旧很快乐。

不要因为发生过的灾难而悲伤，在春天时谁还会忌惮寒冷的冬季？其实没有人不知道自己内心真正的感受，难过时保持微笑，是企图让自己坚强的动力，越是没心没肺地表现出不在意、不难过，内心越是会建立一堵结实的围墙，防止更多事物伤害到你。

在外人面前崩溃，把弱点暴露给别人，不是一个好行为。当你表现出微笑阳光的一面，别人会认为你强大到无法受到伤害，设立这样一个人设，别人会相信世界上有这种完美的人存在。

真正的难过别人帮不了你，只有自己能拯救自己，当我们表现出愁眉不展，自己难过，他人也跟着难过，却丝毫改变不了什么。不随意表达自己的悲伤，即使看不到前行的阳光，也要发现附近美丽的风景，多笑笑才会有好运，才会有人想要接近你，帮助你。

8. 那些不期而遇的温暖，给你坚强的理由

很多人都曾有过这样的经历，当内心极度压抑时，没有可以诉苦的地方；失眠了，发现身边只有自己；犯了错误，不会有人来原谅你，给你另一次机会；失望时更是连反转机

会都没有，仿佛世界上没有一件事情不在打击自己，怯懦感油然而生。这样的心理在生活中会创造出很多麻烦，变得自卑怯懦，做事畏首畏尾，瞻前顾后，经常放弃。

我们应该多看看，生活中其实有很多不期而遇的温暖。当你委屈时，当你难过时，有一个陌生人的帮助，你会发现这些温暖的鼓励会让自己更加坚强。

公共汽车上一位背包的小哥看见前座的椅子被上一位乘客的小孩踩脏了，便随手拿出身上的纸巾擦干净，再回到座位继续等待下一站人的到来。

一位浑身是土的建筑工人走进地铁，明明很多空座，他却站在旁边，直到抵达目的地，只是因为自己身上太脏，不好意思弄脏地铁的座位。

一位身患残疾的老人，虽然身体不便，但是每天早上依旧把家门外路边的小黄车摆好，给坏掉的车做标记，打扫一下附近垃圾，把周围的清洁工弄得不好意思。

一位年过八旬的老人拒绝了年轻人的让座，并且表示自己身子骨很硬朗，站着坐着都可以，周围人纷纷露出了钦佩的目光。

人们总说世态炎凉，人心冷漠，但事实上，世界没有想象的那么糟糕。很多人在试图制造温暖，给身边人或多或少的帮助。有些人虽然身体不完整，但内心却很善良，乐于帮助别人，有着一颗柔软而崇高的心，要把这颗火热的心传递给每一个人。

那些能带来不期而遇温暖的人，不管是从外在还是内在，他们相信自己能帮助别人，相信能扭转局面，所以才敢于去行动。虽然生活有多种不如意，但自信的人永远善于感染别人。而被感染的人或多或少能感受到温暖，慢慢变得乐观。

所以，我们不能把内心的善良丢弃，一个善良的人往往对世界抱有热情，对生活充满动力，不畏惧世界残忍的对待，是温暖又动人的个体。生活给我们带来不经意的小趣味，不一样的经历，不一样的个体。多发现身边那些不期而遇的温暖，你会发现原本灰暗的生活突然因为这一点温暖变得明亮起来。

王雨晴被朋友爽约，只得自己一个人去三亚旅游，本来计划的双人游玩项目全都泡汤了，当她一个人走在十字路口，突然下起了大雨，没有带伞的王雨晴心情沮丧地站在雨中，浇成了落汤鸡。这时候一位慈眉善目的阿姨走到她身边说："姑娘，你用我的伞吧，我身上穿了雨衣。"说完，这位阿姨就把手中的伞递给了王雨晴，径直走了过去。

连谢谢都来不及说，前面的好心人已经消失不见了，王雨晴心里一暖，默默地说了一声："谢谢！"拿起手中的伞，露出了今天的第一个微笑。"被爽约又怎样？"她一边想着，一边往旅店的方向走去。

生活就是一个舞台，只要舞者还在，演出就不会落幕。只要心中多一分坚强，内心就不会被一些小失望打败。外界的绚烂明亮，别人的团聚温馨都不需要太过于艳羡，要做到不奢望、不哀伤，寻找自我世界的一点小美好，那些偶然遇到的小温暖，去珍惜，去铭记，这些能够带来幸福的回忆。舍不得让自己伤心，收起卑微，该做什么就尽情去做。带着这份小温暖，做一个内心坚强的人。

9. 自带温暖的人，不会寒冷

自带温暖的人才会保存温暖恒流，不会被寒冷侵蚀。温暖的人，是在富足时不做出高人一等的姿态；是在窘迫时不做出丧失良知的行为。心平气和才是自带温暖的人应有的品质，不怨恨这个世界，不抛弃所爱的人，不狭义定义别人，宠辱不惊，保持温暖自己也温暖他人的态度，以后就不会害怕过多的得失。

劳拉在年过半旬时被诊断为乳腺癌，听到这个消息后，亲人们如同遭遇重创一般，为确保手术成功，劳拉不得不切除乳房，治疗花费了家里大量的存款，劳拉女儿本打算念最好的学校，最后决定放弃。这件事情让劳拉心怀内疚，女儿反倒安慰起劳拉，让她快快好起来，并表示换一所学校也能学到不错的知识。

劳拉的丈夫购买了录像机，每天记录劳拉病情恢复状况，在两人结婚的二十周年，劳拉病情得到改善，纪念日这天，劳拉的丈夫对着康复中的劳拉说道："请再次接受我的求婚。"说着，他拿出了一枚戒指给劳拉戴上去，劳拉此刻热泪盈眶地抱住丈夫肩膀。

自带温暖的人即使在暴风雨中也会坚强度过，心中有温暖，会有更多道路选择，温暖的人会帮助身边的人渡过难关，共同经历风雨。若一个人，消极面对困境，在阴暗气氛中度过此生，甚至会影响到旁人感受。当我们身不由己，无法逃避困境时，就把心态放宽，表现出坚韧的一面，表现出对困境不屑一顾的一面，风雨过后是明媚，黑夜过后是朝阳，温暖的人懂得先苦后甜的次序，把悲哀的事情一样温暖地处理着。四季不断交换，要保持良好的心态，像火炬照亮着黑暗，给予人希望。

一位正在午休的消防员约瑟听见外面的叫喊声，从睡梦中惊醒，他正躺在舒适的床上不想起来，这时他听见外面有人含糊地喊着："着火了，着火了！"约瑟听后，急忙从家里跑了出来，只见对面的街道上停着一辆警车，旁边有几辆汽车刚刚发生相撞事故，火势从相撞的车辆中蔓延开，他冒着危险跑到还没有起火的警车旁，看见里面昏迷的警察，他立刻打开车门，把他救了出来，他们刚离开车门附近，火势立刻包围了这辆警车。约瑟赶忙呼叫了消防车和救护车，救下了火灾中唯一一名幸存者。约瑟庆幸自己没有赖床，救出了受困人。

自带温暖的人是善良的，心存善念面对这个世界，心中总有一股想要帮助别人的动力，就像一位隐藏在人群中的拯救者。他们会在别人受苦受难时拉上一把，在别人迷茫时指引方向，在别人遭遇坎坷时送上安慰。在雪中送炭时更是温暖了自己的心。

温暖的人一定是时常乐观的人，他们在灾难中能看见转机，眼前的困境不过是过眼烟云，心中藏着暖炉，相信自己可以通过行动一点点爬出谷底。相信每一颗厄运的果实中都藏着一个宝藏一般的果核，相信每一处泥潭中都有一处能够驻足的地方，并且慢慢挣脱出泥潭。坏运气留下的不仅仅是阴影，还有帮助他们成长的垫脚石。

温暖自己一定会连带着温暖别人，时常带着一分热情拉别人一把，不刻意吝啬热情，不把功利放在首要位置，像蜡烛一样燃烧自己，照耀他人。带着一股大气之风，正气昂然地行走在人群里，包容他人，淡然处世，不计得失，不过分纠缠，宁愿让人三尺也不占人一分。以这样温暖的心态处世，再痛苦的经历都会被治愈。

当以温暖的心态生活下去，就会成为格外自信的人，不在乎外界的流言蜚语，不张皇失措。久经风霜、温润如玉的人，知道只有经历这些才会得到更多。生命微小，在对抗外界的种种磨难时，就要正确地认识到抱怨是没有用处的，感谢命运给人们带来困惑和重生，就像一棵茂盛的树，不只经历着细雨和柔光，还有暴雨和干旱。

自带温暖的人不会寒冷，这样的温暖连阳光都无法企及。这是穿过岁月，跨过严寒，经历着风雨，抵挡着险恶的从容心态。每个人都不妨试着学会温暖别人，同时也照亮自己前行的路。

第四章

如果真心被辜负，放手就是疗愈的开始

1. 放不下一个人，伤的是自己

王立对前任念念不忘，有一次想找她复合，说了很多煽情的话，做了很多殷勤的事，而前任对他的抱怨只是说："明明已经结束了，你为什么还是纠缠。"甚至有了报警的想法。而王立对此毫无所知，依旧沉浸在自我悲伤中，没过几天，他的前任就给他发了一条微信：我不可能和你复合，我已经有现任男友了。如此明确回复，王立不肯相信，带着满腔愤怒，找前任去质问，结果前任闭门不见，王立沉浸在痛苦之中，终日萎靡不振。

舍不得删对方的通讯记录，舍不得丢弃身边的记忆，偷偷观察对方的一举一动，一言一行，无数次想要放弃又拿了起来，无数次想要忘记又回忆了起来。弄得整个人精神恍惚、萎靡不振、毫无生气，最后伤的只有自己。

当你想要挽回一个人的时候，你的一往情深或许对方不会接受，你的行为伤害了自己，打扰了他人。你会为对方不领情的举动难过，他的假装看不到和你的自以为是形成鲜明对比。你用尽全力付出，他却把自己和他人看得比你更加重要。你有好消息第一个联系他，却发现他在暗中躲着你。所以这一切都是在自作自受，自我伤害着。

执着付出，毫无保留，想要感动他，正是展现了自己又蠢又痴傻的一面，与其白费力气付出，不如痛快放下，毕竟强扭的瓜不甜，不属于你的，终究不是你的。

一位苦苦追寻解脱的人向高僧倾诉困扰他的事情，他说："高僧，我怎么也放不下那个人。"高僧说："你错了，没有什么事情是放不下的。"他倔强地说："我偏偏无法放下，即使天崩地裂我也无法放下。"高僧不说话，低头摆弄着茶具，看着他急切又痛苦的眼神，转身把茶杯放在他手上，拿起滚烫的热水就往茶杯里倒。那位失意人被热水烫得尖叫一声："烫！"说着快速把茶杯甩了出去。高僧看着他无礼的动作没有呵斥，而是笑道："没有什么事情是放不下的，还不到天崩地裂就可以抛弃，痛了自然要放下，不然受伤的只有自己。"失意人恍然大悟，感谢高僧指点。

错的人让你伤心难过，越是在意，对方越是逃离。感情是两个人的事情，一个人坚持终究不会长久。当你离开对方时，你会偶尔想起这个人，看见曾经去过的商店会想起来，看见走过的路，认识的人，也会想起来。

那人在茫茫人海中消逝不见，你能做的事就是隔绝一切与他的联系，不去找他，你知道你的付出没有回报，而你所求的不就是对方的回报吗？不再联系也没有什么难过的，既然已知无法获得任何回报，一无所得，又有什么好在乎的呢？

你的事事费心是别人的不想亏欠，你的尽善尽美在别人眼里处处缺陷。你觉得他人不够好，别人认为你根本不是那个人。何必硬凑过去，自取其辱。忘了最好，那些不必要的回忆、留恋，曾经不曾拥有，现在也一样不能拥有。缺失不可怕，缺失也是一种生活艺术，一种美。当你选择狼狈逃离时，痛苦了自己，所以，在放弃时，不要逃离，而是正面离开，去寻找另外的幸福。

在这期间去习惯独自生活，享受独自生活的乐趣，生命不只在于陪伴，还在于独自享受清闲的快乐时光。勇敢直面曾经软弱的自己，那时曾经稚嫩的灵魂，现在慢慢成熟，变得坚强，慢慢结痂的伤口是最好的证明。

寻找未来，做最好的自己，尽情发泄情绪，拨开心灵深处的迷雾，发泄后就振作起来。回头再看，曾经的珍贵现在看来不值一提。我们并不孤独，也不要害怕孤独，孤独是重新拥有幸福的开始。不委屈自己，不独自哭泣，去看一看外面世界。洗去曾经的污垢，剩下的是纯净的世界。

现在的你很好，很平和，看开了浮沉杂事。除了生与死，都是小事一桩，人生的路还很长，不会再为了一个人伤害自己，负责任地对待自己，潇洒地活下去，也不再斤斤计较。

2. 他不爱你了，那不是你的错

有人曾经很卑微地爱过一个人，关注着那个人的一举一动，那个人有一丝不开心他都会认为是自己的过错，对方对自己不管不顾也是自己的过错。一味委屈自己是过错，这种有负担的交往方式让很多人开始自卑，不能正确认识自己。

李密和她的前男友很快就分手了，还在朋友圈里说了一段伤感的话。李密是在三个月前认识她前男友的，那时候李密每天对这位男朋友嘘寒问暖，包揽了每天的早晚餐，甚至连男朋友的家务都要一并做好。

就这样，在李密的疯狂追求下，男生答应她，“我目前只能试着和你交往。”李密仿佛没有听见试着这两个字，已经被幸福冲昏头脑。朋友听到这个消息后，立刻产生质疑，让李密清醒一点，问道：“他真喜欢你吗？还是敷衍你对他的好？”但是李密完全听不进去，义无反顾地投入到爱情中。

李密本以为确定了关系后男生会改变态度，结果两个月过去，还是和以前一样，男生甚至还在李密面前和其他女生热聊，最后她实在承受不住这样的打击，选择分手。

有些人在感情中被抛弃，总是把原因归咎在自己身上，觉得是自己不够好，没有设身处地地想对方的感受，都是自己的错等，其实这样的想法会让你更加卑微，让对方更瞧不起你。爱一个人没有错，对方不再爱你也不是你的错。何苦责怪无辜的自己？

每个人都是独一无二的，如果对方连你的不完美和小缺陷都无法容忍，那么他一定不怎么喜欢你。不爱你的人哪怕从你这里获得全世界的爱，也不会对你付出同等的爱，对方在心里不会认为这是幸福。

王利威疯狂追求李思远，听说她喜欢某某明星，就提前买下演唱会的门票。看见李思远生活作息太差劲，就用各种办法让李思远按时吃饭。李思远喜欢旅游，他就把工资攒下来，陪着她出去玩。没想到李思远移情别恋，并且果断地甩了王利威，为躲他甚至辞去现在的工作，拉黑他，王利威开始怀疑是不是自己做错了什么。

一次，王利威经过一家商业街，偶然看见车内的李思远，他立刻上前，想要问清楚，但李思远看见他的脸，就把车开走了。王利威内心极度失落，失声痛哭起来。最后王利威选择离开这座城市，他不想再待在和李思远有关的地方。

有人说："爱情本来就是骗局，有人能骗一世，有人只能骗一时。"清醒后的人总会比曾经迷糊的时候要伤心，但是在虚假幸福中沉溺，不愿意面对残酷现实也只是在拖延时间而已，错爱了一个人，也不要因此责怪自己，伤害自己的心。

两个不同个体之间，都会有一定的排斥和吸引，等到相处下来，互相了解后还是会产生距离感，那么对方一定是不那么喜欢你。我们要在相处中找到一个平衡点，付出一定要平等，不能你付出多，对方付出少，长此以往难免会出现摩擦，一方认为另一方不负责任，另一方认为这是理所当然，会越来越过分，到最后就是不在乎你，甚至不再爱你。

包容自己，人无完人，每个人都有缺点，既然你能包容对方的缺点，为什么不包容一下自己的缺点呢？不去比较，不必过于担忧，做最自信的人，别人一定会被你吸引过来。他不爱你是他的损失，不是你的损失。

做独立的人，保持财务独立，在物质方面有底气，对方就不会刻意轻视你，经济基础决定上层建筑，有一份收入能让自己在爱情中不那么卑微，平起平坐，并且能为恋爱中的人提供物质基础。

最后，我们最需要的是精神独立，这是保障我们不被另一半完全控制住思想的重要能力，精神独立的人不会傻到为一个人完全放弃自己的人生，精神独立的人会理性分析恋爱失败的原因，从双方角度出发，发现最直接的因素。

总之，别人有一万个理由爱你，也会有一万个理由不爱你。你是辣椒，正好对方过敏；你是蔬菜，正好对方不喜欢；你是千山万水，正好对方是个很懒惰的人，不愿意去看这风景。理智看待别人的喜爱和不喜爱，不把过错怪罪在自己身上，保持好心态，做自信、包容又独立的人。

3.“亲爱的，人都是会变的”

抗日战争时期，文人李升曾无比深情地说：“如果有一天要去讨饭，那么第一口饭一定会给太太吃。”当初的一往情深在之后大变样。李升声称去欧洲留学，把家里所有的积蓄都拿走了，还同邻里借了钱，丢下四个孩子远走他乡。

李升未必不爱太太，但是在兵荒马乱的年代拖家带口逃难明显是死路一条。于是李升做了一个最自私的决定，独自逃走。这样看来，人都会变，即使曾经说过海誓山盟，也许是些作废的话。战乱过后，李升又与另一位女性成亲，最后两人相伴到老，恩爱后半辈子。在这个故事中能看出决定双方会不会变心，产生分歧的内在动力大致是事态、处境和命运。

赵桐和孙志斌认识的时候，孙志斌还是个部门的小职员，两人情投意合，很快确定了关系，赵桐很喜欢照顾别人，两个人在一起时，都是她负责生活起居，孙志斌想要辞职创业，赵桐就直接放弃公司的主管职位，义无反顾地投入到创业中。

事业起步很快，赵桐很为孙志斌骄傲，过了几年，赵桐想着和孙志斌出去游玩一下，放松心情。但是孙志斌却总以没时间、工作忙等借口推脱，赵桐也认可这个理由。直到她在收拾书房的时候，发现孙志斌遗落在家的手机，打开一看，是和陌生女人的聊天记录，上面的聊天内容充满暧昧，孙志斌说了很多赵桐从来没听过的温柔话，还发现他们两个人几天前刚刚从三亚游玩回来。

“他还骗我是出差。”赵桐生气地想着。

不可否认，人是会变的，当年一穷二白的时候，怀着一份庄重誓言，不抛弃，不放弃。现在飞黄腾达，又是另一种心境。人生的可能性有很多，曾经的想法不代表未来的想法，随着时间推移，情感也在不断变化着。

也许曾经稚嫩，不懂得变通，现在被生活磨炼出来。也许曾经很单纯的想法被现在更大的诱惑压垮，偶然发现说几句拍马屁的话，就能比以前轻松百倍；曾经想都不敢想的事情，现在只要做一个不一样举动就能轻松获得；试问有多少人受得住这样的诱惑呢？

毕业几年后，班长想着把遍布五湖四海的老同学叫到一起聚一聚，全班二十几个人只有七八个人愿意来。和老班长关系很不错的兄弟纷纷答应了，到了约定那天，七八个人碰面，带着见老同学的兴奋劲，一进屋就开始不停地互相问候。

交谈中，对话慢慢变了味道，从上学时的搞笑回忆慢慢变成暗中较量各自的社会地位，其中有一位老同学王嘉，以前爱操心，乐于助人，大家都管他叫“居委会大妈”，为人特别亲切。结果这次同学见面，王嘉一直在暗中炫耀自己的工作、生活，有人默默地听着，有人附和着，王嘉又开始暗地里损某一位发展不是很好的同学，几天相处下来，班长都快认不出来了，这还是原先那个助人为乐的王嘉吗？大家满怀期待来聚会，最后各怀心事道别。

人都是会变的，不管是家人、朋友还是另一半，总会随着时间推移发生变化，包括我们自己也会发生变化，当然，我们很少察觉到自己的变化。当我们发现身边熟悉的一切事物都在慢慢变化时，一定会有所烦恼，有所感慨。

我们需要保持正确的心态面对这些变化，这些变化是痛苦还是快乐取决于你自己。要知道生活没有重复，做到对过往既往不咎，对未来继续努力。要知道不管获得什么，最后都是一个人走，所以即使发生改变，难过之后，还是要继续保持自己的生活。

信任就是一张白纸，弄皱弄脏，永远恢复不了原样，成年人感情的变异是心照不宣的，是默默淡化，是突然产生距离。心思敏感的人很容易受到感染，要好好控制自己的心。在其他人慢慢改变，离你而去时，学会做一个独立的人，没人陪你吃饭就自己吃，没人帮你提东西就自己提，没人再和你聊真心话就自己聊。做一个既能和别人相处又能享受独处的人。

感情淡泊了，变得不像以前那样相爱了，就算你再全心全意地为对方着想也不会有好结果。见识到人们的浅薄，就不再想着探索对方的深度。不要像一个傻瓜一样折磨自己，试图劝解自己。要尝试把自己置身于陌生人的立场上，这样才能更加洒脱，不忘初心，坚定自己的目标。

4. 被真相伤害，总比被谎言安慰要好

卡勒德·胡赛尼说："被真相伤害总比被谎言安慰好。"是真相还是谎言不重要，核心是知道真相后的悲伤和被谎言欺骗后的悲伤，哪种更强烈。无论如何，这两种结果我们都会受到伤害，但是长痛不如短痛，虽然说较真的人大多都活得不算快乐，但是起码会活得痛快。

在知道真相后，我们可以好好治疗一下，慢慢痊愈，不要一遍遍地去揭自己的伤口，痛苦过后，就去治愈它，比起蒙在鼓里的安慰，快速的伤痛也许是更好的选择。

徐江自认为有一段幸福的婚姻，老公无微不至地照顾着她，家里还有三岁的可爱儿子。这天，徐江的老公又从外地给她带了新鲜的阳澄湖大闸蟹，为此她还特地发了朋友圈：老公出差特意带的大闸蟹，看起来很美味！此外还晒了几张图片，徐江的朋友纷纷点赞，不巧的是徐江老公的同事也有徐江的微信，同事好心提醒徐江说："大嫂，你注意点大哥的动向。"徐江自以为这位同事是在开玩笑，殊不知那天她老公出差是去看

他的地下情人，为那个人剥了几个小时螃蟹。

谎言通常被分为善意的和恶意的，善意的谎言是出于一些好意刻意掩盖住部分事实，恶意的谎言就是彻底撒谎，把真相抹去，利用欺骗来达到某种目的。两种谎言其实都有负面影响，善意的谎言甚至会让人们成为撒谎的惯犯，打着冠冕堂皇的幌子，拖延解决根源性问题，结果很可能导致问题越来越大，到最后无法收拾。例如：夫妻之间的善意谎言，明明很讨厌对方某个方面，却偏偏不说出来。父母对孩子的善意谎言很可能误导孩子的世界观，“大人的事不要打听，你只要好好读书就好。”部分事实的遮掩导致对方真以为事情就是这样，其实是在害人害己。

有时候诚实地告诉对方事情真相，反而少走很多弯路。“我不爱你了。”“我和你妈妈的感情有裂痕。”直白说出，反而更能得到理解。在说出事实时，评估对方是否需要这份真相，能不能协助对方将事情尽快解决，维持心灵的健康成长。在实践中，显然公开说明对婚姻的厌倦，比起出轨要好很多，双方可以认真反省，积极维持正常的婚姻状态。直白地告诉孩子家庭问题，反而更能让孩子担起责任，帮助父母做协调工作，促进一家人的交流。

长痛不如短痛，直面真相，不要选择躲避、无视真相，与对方进行沟通才是正确的选择。

悬疑片《看不见的客人》中男主多利亚是知名企业家，

密会自己婚外情的对象劳拉，两人开车路过一段山林里的弯路，不巧发生车祸，导致一位陌生男子死亡。多利亚害怕婚外情暴露，影响自己，选择遮掩真相。

他抛尸荒野，让劳拉在车上等待，一个好心的男人路过，主动帮助劳拉把撞坏的车修好。到了男人家里后，劳拉发现这家人正是受害者的家属。劳拉一时惊慌，险些暴露。匆忙离去后，多利亚也处理完了尸体。两人商定好从此不再见面。多利亚发现受害者生前是银行职员，便伪造出一系列假象，让警方以为死者是携款逃跑，不知所终。

案件并没有告一段落，受害者的父母深知儿子不会做出这样的事情，便深入调查，发现劳拉和多利亚的关系，本打算翻案，但是被多利亚暗中压住。劳拉心怀愧疚，夜不能寐，最终决定向受害家属道出真相，多利亚发觉后杀害了劳拉，并把罪责推卸给劳拉。

多利亚本以为这些谎言天衣无缝，不承想受害者家属伪装成律师套出多利亚的口供，多利亚自此败露。

一个谎言的背后可能有很多个谎言，真相不会被谎言遮掩一辈子，与其在谎言中自我安慰，还不如早早接受事情真相，摆脱内心折磨。生活中有很多这样的例子，因为一个谎言造成困扰，企图用手段遮盖住，结果事情越来越大，最后到达无法挽救的地步。谎言永远骗不了人，谎言只会把事实更加丑陋地暴露在人们面前，事实的伤害能够治愈，谎言却是在不断折磨人。

当我们知道真相以后，就要积极去面对，不走弯路，不再残害内心，珍惜信任，摒弃欺骗，不因面子问题采取荒唐又愚蠢的做法。当我们受到真相打击后，要安慰自己，被短暂伤害要比不断被欺骗好很多。

5. 在乎值得我在乎的人，温暖值得我温暖的人

生命中是否有过这样的遭遇？掏心掏肺对一个人好，结果对方丝毫不领情；好心劝阻被认为是多管闲事；傻傻付出，收获的是背叛；认真为一个人做事，却被那个人背地里嘲笑。既然对方对这样的付出无动于衷，我们何不放弃这些凉薄之人，选择与那些值得在乎，值得付出的人交往，做好自己的同时，获得相应的回报，互相扶持地走下去。

赵新福第一次见到王一川是在从深圳开往上海的高铁上，车上坐着几个考察组的成员，其中就有他们俩。赵新福感觉头部眩晕，被大家嘲笑不是晕车，是晕人。王一川则主动走到她旁边照顾她，赵新福的心瞬间暖了。

你觉得他是“独家暖炉”，说不定他是“中央空调”，三百六十度无死角地照顾着所有人。为接近王一川，赵福新

时常光顾他们的考察组，尽管两个组之间隔着十万八千里，还是不嫌麻烦地制造“偶遇”王一川的机会，陪他们组做宣发，做采购，写研究报告。

王一川在公司附近报了一家健身房，赵新福也跟着去，每天风雨无阻地去锻炼。赵新福甚至知道他喜欢吃的菜，喜欢的球队，喜欢听的音乐，喜欢做的小动作。

朋友鼓励她去表白，赵新福鼓起勇气告诉他后，只得来了这样一句话：“小妹妹，话不能乱说，哥喜欢御姐，不喜欢萝莉。”赵新福装作一脸不在意的样子，笑着说：“就你这老腊肉，有哪个萝莉能喜欢上你？”王一川听完没心没肺地说：“走，咱俩去健身房练一圈。”赵新福拼命地健身，仿佛那些不是健身器材，是发泄工具。

回到家后，她嚎啕大哭。第二天，赵新福穿着修身职业装，高跟鞋，大红唇，还有一头大波浪的卷发。陪着王一川去健身房，去采购，去做研究，他生病时甚至还会照顾他。在他生日那天，王一川带着一位可爱型的女生对大家说：“这是我女朋友，你们今天可不能欺负她，想要灌酒也得灌赵新福，她可是女汉子。”一阵嬉闹过后，大家都玩得差不多了，赵新福拿着手中的麦克风，唱了一首《放手》。第二天，赵新福就退出了王一川的世界，选择放弃他。

不值得在乎的人就算你付出一千遍、一万遍努力地还是不会领情，与其这样付出全部精力作践自己，在这场注定没有结果的等待中浪费时间，还不如早早放弃。他喜欢可乐，而你却是雪碧；他喜欢大海，而你却像湖泊一样宁静。强扭的瓜不甜，你在小心翼翼地照顾别人的感受，强行把自己改变成对方喜欢的样子。这样的生活一点都不潇洒，这不是拥有独立人格的人会做的事情。

希望我们都能活成自己想成为的模样，成为独立自主，拥有坚强意志力的人。为值得付出的人付出，只对值得的人温柔，对自己好一些。不做老好人，去照顾所有人的情绪是多么不值得。要知道你的温柔其实是别人欺负你的理由，你越降低底线，就越会被生活蹬鼻子上脸。

生活就是要狂妄一点，大胆一些。不要在乎是否欠了别人人情，是否还会被拒绝。要知道你在值得的人面前付出，永远不会担忧这些事情。逐渐演变成依靠别人维持友谊，是一件多么可悲的事情。这样太累，会惯坏身边的人。

学会决绝，不廉价付出，你的行动会更加被人珍惜，更加被别人记住。同时也不要听取任何不爱你的人的建议，无论是长辈还是多么德高望重的人。他们只会把我们改造成他们喜欢的人，而不是你想成为的人。

喜欢付出的人都有这样的共性，对周围环境没有安全感，想要依靠付出得到他人的认可。拥有付出人格的人其实会让别人更加喜欢。但也不能完全听命于别人，说话害怕被人讨厌，穿错衣服害怕被人讨厌。如果你看见别人因此嘲笑你、挖苦你，那么这些人就是不值得你付出的人。你不必因为这些事揪心不已，因为你的错误在别人看来是一天的笑料，第二天就会忘了你是谁。

值得付出，值得温暖的人是这样的：你们会共同努力，共同付出，和他们在一起更加自在，变得更自信，心态也慢慢变得更好。甚至当你产生烦恼时，他们会开导你，而不是一个劲地挖苦你。

人生下来就是一个人，走也是一个人走，所以先把自己照顾舒服，再想着为别人付出。每个人在这个世界上存活时间有限，在教条和规则中挣扎很多年的我们，不要再把自己束缚住。勇敢追随心中直觉，才能完善我们的心灵，保持内心想法，只对值得付出的人好。

6. 最大的勇敢是经历伤害之后，还能保持爱的能力

爱有多深，就有多伤。在爱情中受过伤的人，都很难忘记那种撕心裂肺的痛，以至于不敢再恋爱，因为怕疼。最难释怀的多半是情伤，早已千疮百孔的心总怕被再次撕开伤口，撒一把盐。而真正勇敢的人，却能在被伤害后迅速治愈自己，能跑能跳还能爱。就像艾佛列德·德索萨写的那样：“去爱

吧，就像从来没有受过伤一样。”

王振对白羽说：“让我们两个人先冷静一下。”于是分手的事情就暂且终止。但是白羽却悄无声息地搬离了同居的地方，屋内所有关于她的东西都消失得一干二净，通讯录拉黑、微信拉黑，她辞去工作，仿佛人间蒸发。如果不是脑海里的回忆和留念的照片，王振还以为自己生活中从来就没有出现过这个人。

过了一个星期，一大箱快递寄到王振公司，打开就看见王振曾经送给白羽的玩偶，除此之外还有各种各样王振送过的东西，王振面色凝重，同事安慰了几句。王振知道感情里最狠的不是大吵一架，而是把曾经送过的东西原物奉还。

不得不说，箱子里每一件物品都是一段美好回忆，王振久久说不出话，最后他把箱子锁在衣柜里。带着这份牵挂，王振找了白羽两年，妄想着旧情复燃，然而白羽决意要走，无论如何都找不到她。

几年过去，王振除了偶尔会想一下白羽，剩下的时间都是在工作、吃饭、睡觉，每到一个似曾相识的地方，就会回忆起两个人曾经的故事，导致他不敢再谈恋爱。

有些人不够勇敢，一直在害怕，有些人却越战越勇，不但探索新机会。很多人渴求有这么一个人在前行时抓住自己的手不放松。

在茫茫人海中，艰难跋涉，经过数不清的风景，怀着遥不可及的梦想，躲避着种种伤害，但是爱别人时不要退却，失去爱人的能力。

生活偶尔会苦涩，会狡猾地把幸福偷走，这时候不要绝望，不要沮丧，懂得满足，怀着对万物感恩的心态，珍惜生活，不抱怨生活，从容淡定地接受现实，以这样的心态处事，等到下次再遇见爱情，也还是怀着一份勇气去追寻。

有一处名叫“爱情圣地”的地方，这里专门给恋人传达信件，如果一封信很久都没有人收，就会被这里的工作人员带到办公室里，拆开看后或是选择留在这里，或是丢弃。一位操作员萨沙发现了一封尘封二十年的信件，一打开，是一位男子回复一位女子爱意的信，不知何故被丢弃在这里。萨沙把信的地址重新抄写一遍，放在了“爱情圣地”里，一周过去，一位中年女子来到萨沙办公室，萨沙帮她找到寄出这封信的人，两人旧情复燃，虽然容貌有些改变，但双方都第一眼认出彼此。

保持爱的权利，多老都不算晚，不要因为怯懦而逃避选择，也不要因为被伤害就选择再也不去爱别人、不去爱这个世界。生命轮回，每天都有人经历死亡，也不断有新生儿出生在人世。在浩瀚宇宙中，熙熙攘攘的人群中说不定就有这样一个人是你所爱的人。当这一时刻出现时，一定要脚踏实地付出，成为信心满满的那个人。

不因岁月而丧失爱的权利，容颜终会老去，行动会缓慢，思维会迟钝，但是爱的能力不会消失。岁月不仅承载着沧桑、坎坷、痛苦，还会有回忆、收获、欢笑、财富。回忆是铭记爱的一种方式，在他人已忘记时，你还会在一个暖阳高照的下午，坐在藤椅中慢慢享受美好的回忆。这会重新获得爱的力量，在残存的记忆中，这些似梦似幻的场景不再是偶然，而是满怀爱意行动时的必然结果。

学会忘记痛苦，再去爱一个人，就要抵御很多诱惑，怯懦在诱惑着你，躲避在诱惑着你，各种借口都在诱惑着你。抵御这些诱惑，你就能再爱，再打开心扉接纳别人。爱让梦魇远离我们，爱让平凡的自己在人间不平凡。天堂和地狱都不如人间真实，背负着负担选择爱，是一件治愈灵魂的事。

经历过伤害，会更害怕寂寞、孤独，明白黑夜太长，白日太短。只有带着爱意寻找隔着茫茫人海的陌生人，在生活中填补一份色彩，心灵才得以慰藉。

7. 试着去习惯任何人的渐行渐远

人生总会遇到那么几个交往起来好得不得了的人，他们或许是充满正能量的人，或许是很欢快的人，甚至是一起经历坎坷，一起奋斗、努力的人，但是走过一段路程后，总会有人因为种种原因选择离去。最终渐行渐远，逐渐失去很多曾经珍贵的人，即使是这样，我们还是要学着习惯才行。

郑辛第一次遇见王少均是十年前，那时候两个人在同一所学校上学，加入了同一个社团，每天天南海北地聊天，一起做实验，一起打游戏。后来郑辛出国继续深造，王少均选择了工作，两人慢慢都戒了游戏的瘾，一个是没时间，一个是太累。

王少均偶尔会和郑辛抱怨自己的工作，郑辛就会静静地听着，偶尔安慰几句。直到有一天王少均因为工作不顺生闷气，做出不理智举动，当他万分愧疚地把这件事情说给郑辛听后，得到郑辛的劝导，心情瞬间好了许多。

他对郑辛的依赖开始加深，不只把他当做朋友，还当做心灵导师。王少均慢慢做到了主管，对某些事情的看法不一样了，也认识了许多不一样的朋友，生活越来越丰富，于是和老朋友的关系越来越淡。郑辛接受着一轮轮考试的折磨，也再没有时间联络。知道各自都有了另外的交际圈，两个人也越来越没有共同话题，联络频率也越来越低了。

也许欢乐的时间是短暂的，但回忆足以让我们怀念一生。我们长途跋涉获得那些快乐，为一个联系方式辗转反侧，为维持一段友谊不断关怀对方，但总归会出现这一幕，许多人开始渐行渐远，昔日的朋友会离开你，离开这座城市。你要习惯别人的忽冷忽热，习惯生活对你的斤斤计较。有些人永远也留不住，有些人永远都处不熟，有些人喜欢和你抬杠，还些人曾经无话不说，现在三言两语就想把你打发走。

人心会变，交情也会变，想不通就不要再想，弄不懂就不要再做，不愉快就放弃再联络，把不愉快藏在心的最里面，告诉自己："我不完美，但够真实。"无法改变朋友的渐行渐远就不要再想，对于生死来说，这些只是一点小事，何必在意那么多？累的时候就自我放松，困的时候就休息，自我安慰是最快速最有效的解压办法。

卢锦出生于单亲家庭，母亲把他拉扯大，为了让他更加优秀花费了很多心血，妈妈就是卢锦唯一的亲人，卢锦很孝顺，自从他开始赚钱，总是送妈妈礼物，偶尔带着她旅游。不幸的事情降临了，卢锦母亲早年的劳累致使她老年疾病缠身，老年痴呆。卢锦的母亲开始忘记自己的儿子，有一天，她一觉醒来，认为卢锦还在上初一，一大早起床做了顿早饭，满屋找卢锦初一背的小书包。面对对自己陌生的母亲，卢锦很痛苦。想要找人哭诉，可是一翻开通讯录，却不知道向谁哭诉，只得在晚上独自哭泣。

越到中年越能够感受离别之痛，本以为可以一直相交的朋友突然消失得无影无踪，本以为能够相守的两个人因为一场事故，或是一个误会形同陌路。

是的，你会发现曾经奋力守护的人，会在某一天互相厌恶，慢慢失去对方。人来人往的几十年里没有人能陪你一辈子，人总要看淡一些情谊，看开离别。很多时候还固执地认为对方还在想着你，其实是在自欺欺人。慢慢冷落，说明你的位置已被人代替。

别去问为什么，因为对方的回答会伤害你。内心的伤痛、不舍只有时间可以冲淡，学会享受孤独，习惯没有别人的问候。不再看那个人的信息、动向，把内心的痛苦独自扛下来，下决心忘记对方。

不轻贱自己。所有痛苦只有自己能懂，其实只是那个人已经不再愿意为你留下来。不强行挽留要走的人，因为即使留住身也留不住心。最珍贵的不是继续让别人陪着你往前走，而是记下曾经的美好，曾经的眼泪和欢笑。最后，你就能习惯任何人的渐行渐远，不再强行挽留，不再艳羡别人的生活，永远做最好的自己。

8. 有些诺言不是用来兑现的，而是用来忘记的

不要苛求诺言会成真，即使当时是真心实意地说出这句话，人又何尝不会变呢？我们只需要知道对方说出来时，确实是真心实意就好。相信诺言的人总是活在希望之中，当诺言没有兑现的时候会更加绝望。其实信也好，不信也好，都

只是一种结果，如果不在意，也就不会损失什么。

王月生得漂亮，家世却很一般，父母都是工人，当她找到男朋友时，双方实力悬殊，老公的父母极力反对，顶着压力，两人还是结婚了。王月的老公在结婚时承诺："只要有我在，就不会委屈你，我们会相爱一辈子。"王月被这些誓言感动得痛哭流涕，新婚几年，两人如胶似漆，随着时间推移，王月怀上了第一个小孩，王月的婆婆要求两个人搬到家里来住，好照顾孕妇。

搬进来后，婆婆还是瞧不起她，一会说她家世不好，一会又说她眼界太小。两个人水火不相容，王月的老公夹在中间很为难。没过几年，他也开始不耐烦起来，开始不喜欢回家，留连在各个酒吧，很晚才回来，最后两个人还是因为家庭不和睦选择离婚。

不只是别人，你会发现我们自己也会说一些不能兑现的承诺，什么"以后一定会再见"，就是再也不见。"我一定能完成……"，多半是没有完成。把承诺的人换成我们自己，换位思考，这些承诺其实不必那么看重。

好的承诺就是要在好的时光中停留，记下，再淡了，然后忘记了。这样一来，是不是发现承诺其实和谎话是一种性质，更像是正大光明地说谎，而且说谎时语气中充满了坚定。我们需要看的不是结果，要看的是人们做出承诺时抱有的真诚和良心。当以这种心境说出时，在当时的处境中已经算是很厉害的承诺了。

承诺不在于实现，在于遗忘。张小娴说过：“承诺只是偶尔兑现的谎言。”有些承诺就是要把实现的期限说到很远很远，这样到那天也就没有人记得了。我们也不要记得，直接选择忘却就好，太认真容易受伤。

王安琪跟朋友说：“一个刚认识不到半个月的男生夸下海口，说是要带我去马尔代夫包岛度假，还要给我买某首饰店的项链，他这是什么意思？说得像真的似得，还要看我护照，问我脖子多粗。”

朋友立刻告诉她：“这男生是在给你画饼，你就这样，假装路过某知名首饰店，看他什么反应。”等到下次相见时，王安琪就学着朋友的办法，逛商场假装路过那家知名首饰店，没想到王安琪进去没看两眼，那个男生就一脸不耐烦的表情，嚷嚷着赶紧走。王安琪才完全确认他说过的话有多廉价。

其实这些虚伪的话也只有虚荣的人才会相信，要知道在生活中油条、豆浆比起烛光晚餐要温暖、实在得多，承诺你整座金山都不如记住你的生日，承诺去某个地方让你开怀大笑也不如一次不经意的小纵容。承诺在有些时候真的毫无代价，张口就来。听承诺的人要关起自己的想象力，别人说一根火柴，你就别想象成一顿火鸡大餐。

请千万要记得，承诺的事情一定要有了行动再去感动，要知道真正守信的人不会第一时间把内心的期望说出来，而是先做好才会告知对方。诺言是用来忘记的，不要等到最后哭泣着说“他说过的。”“他承诺过的。”之类的后悔话，请你明白，说和做是两码事，你要记得做过的事，而不是说过的事。

乔帮主曾对深爱的阿朱说：“我们以后去塞外牧马、放羊。”结果等来的却是阿朱的香消玉损，这份以后的期盼变成了内心的伤痛，乔帮主偶尔想起还会隐隐作痛。这些诺言曾经是多么美好，藏着少男少女的情怀，他们对未来期盼、雀跃不已。而现实是如此残酷，时过境迁，消逝的流年让多少诺言被遗忘，被打散，直至杳无音讯。

别太高估曾经稚嫩的自己，诺言总带着一点无力，现在无法企及而寄托给幻想中的未来，是多么可笑的一件事。诺言是甜中带苦，虚无缥缈的。懂得敬畏现实，懂得扎根于现在，要清醒地活着，保持谦虚的心态，踏实走好每一步，不抱太多希望，也就不会有太多失望。

9. 如何重建遭遇背叛后的安全感

人与人的信任本就不容易建立，一旦土崩瓦解，就很难再维系。即使再继续下去，也不会有好结果。安全感修复是异常艰难又充满着未知的事，既然感情修复不了，那么总要修复自我的心态，鼓起勇气向前走，未来风景不会太差，别因为以前的糟糕经历而委屈自己。

刘思颖家庭美满，很受朋友们羡慕。而她也很在乎家庭，为了家里更加热闹，生了三个孩子。刘思颖一直都特别相信她老公，常在外面夸奖自己老公。直到她有一次拿着他的手机想玩游戏，结果手机锁屏，她不知道密码，正当她想问密码时，手机震动着提示来了一条短信，上面有显示出一半的信息：我在做指甲……显然是女生的短信，下一部分内容让刘思颖不得不在意。

她瞬间觉得丈夫没有表面那样老实，瞬间火气急冲上心头，刘思颖看着备注为客户的陌生号码，开始跟踪调查这个人。一跟踪才发现这两个人已经见过很多次面，甚至以“老公老婆”互相称呼，语气甚是亲密，刘思颖崩溃了。

你可曾试问过自己，挽回的感情到底值不值得，挽回的感情真能带给你原来的安全感吗？最怕的就是在遭遇背叛后，内心深处再也不相信对方能变回原来的样子。重建双方的感情，很多时候可以说是在走死胡同，撞破南墙也不回头，付出惨痛代价，浪费更多时间。

遭遇背叛后，人们的反应多是愤怒，继而转变成惶恐不安，最后失去安全感。为了这份安全感，便想要极力挽回，就像一艘在汪洋大海中漂泊的小船，极力寻找岸边停靠，环顾四周却发现没有一处可以停靠的地方。在遭遇背叛的地点不仅找不到安全的地方，还会一不小心落入陷阱，无法抹去身上的污泥。

当我们遭遇背叛，原本宁静的生活被打乱，美好的假象被撕碎，被曾经的安稳惯出金贵的脾气，现在却无所适从，就如同从天堂一下子坠入地狱，每个突然堕落的人都想着回到从前的生活，挽回、修复成为受伤后的条件反射。

习惯和某个人相处，习惯过去的生活，想要重来，却没有勇气。突然离开相对舒适的环境，就会产生无依无靠的感觉。虽然挽回也是治疗感情问题的方法，但却不是一个长久之计，安全感的存在就意味着曾经出现裂痕的感情无法包含在内。有时候离开反而是一种解脱，当你无法再解冻那颗冷酷的心，也就不要再坚持下去，要从自己身上寻找安全感和寄托。

有独立人格的人喜欢为自己创造安全感，他们会为一个人付出全部，但也会在心灰意冷的时候，决绝离去，独立的个性让他们不需要别人创造的安全感。而与之相反的人则很缺乏安全感，内心脆弱，喜欢依靠别人，或是因为曾经被伤害而远离别人以保护自己。这些行为都是因被人伤害而导致的后遗症。

建立安全感，治愈内心受到的伤害。首先要时常对事物保持着热忱，用积极的心态处理问题。人的心态非常重要，重视生活，把每一天当做第一天和最后一天来看待，珍视生活，不虚度光阴，当你积极对待生活时，就会忘记生活的无奈，为生活中的小事欢喜。

忙碌的生活也能让我们忘记悲伤，不安的感觉会随着体能消耗慢慢消失。用时间和耐心来解决内心的烦躁，当不安情绪出现时，就仔细想一想这件事对自己是否有必要，显然大部分不安是没有必要的，那么现在又何必自寻烦恼？

但是我们的充实不是匆忙，生活太匆忙，压力太大的情况下，内心的不安感会越来越强烈，当遇到这样的情况，我们什么都不需要做，安静休息一段时间。以及，寻找一件可以沉迷的事情，最好是积极的，对自己有利的事情，在这件事情上获得极大的成就感，以达到修复安全感的目的。

重建安全感，第一件事就是远离背叛源泉，第二件事就是改变心态，寻找能给自己安全感的人和事物，慢慢享受其中的乐趣，重新建立一段安全感。

10. 别让遇人不淑的余味熏跑了更好的人

别因一次遇人不淑就失去了爱人的权利，会游泳不可能永远不呛水，会骑车不可能永远不摔跟头，就算是会熟练写字的人也有写错的时候。人总有失策那一刻，重要的不是赶快远离，而是越战越勇，不错过下一个好人。

刚工作那会儿李青遇到一位聪慧可爱的女孩子，他们谈了六年恋爱，年过三十，正当他想要向女孩求婚的时候，女孩却说了一句："我们在一起不会再幸福。"从此之后切断了联络。他因此整天愁眉苦脸，从原来积极阳光的大男孩变成阴郁低沉的人。

朋友看他这样下去也不是办法，就给他介绍了新朋友，而李青对此爱搭不理，逼到痛处，李青就说一句："我再也不相信爱情了。"

直到他又遇到一位很好的女孩，两个人都被对方深深吸引住，他想要进一步了解她，但是一到要确立关系就迟疑，朋友鼓励他，他更是往后退缩。最后那个女孩因为得不到回应，就放弃了，女孩遇到了另一位"白马王子"，而李青却在黯然神伤。

遇人不淑总会有这样的情绪，曾经全心全意付出过，结果遍体鳞伤，于是不敢爱，害怕、退缩使他们难以脱离痛苦。《大话西游》中有句很经典的台词："曾经有一份真挚的感情摆在我的面前我没有珍惜，等我失去的时候才追悔莫及。如果上天能给我一次再来一次的机会，我会对那个女孩说三个字：'我爱你。'"遇见就是缘分，勇敢去追才是正事，不要怕是否会重蹈覆辙，再躲避下去人都已经老了。

王晓齐大学一毕业就和谈了四年恋爱的男友结婚，如此仓促的婚姻换来的不是幸福，而是未满一年就领到的离婚证，丈夫移情别恋，王晓齐被迫分手，后来她又谈了几次恋爱，都以失败告终。今年她已将三十好几，朋友都已经拖家带口，父母盼着她早点结婚，而她还在宣扬真爱，王晓齐对家人说，她是不会为这一两次的失败恋情而妥协的。

带着这种积极的心态，王晓齐今年突然闪婚了，是和一个看起来很年轻的男子，照片中两个人看起来很幸福，在婚礼上她说出了这样一段话："我今年已经三十六岁了，但我仍然相信会遇到应该遇见的人，现在我遇见了他，是他给我勇气，让我们在一起……"

杜拉斯说过："爱之于我，不是肌肤之亲，不是一蔬一饭，它是一种不死的欲望，是疲惫生活中的英雄梦想。"无论曾经遇见什么样的人，都要永远相信爱情，相信在未来能遇见更好的人。

爱过才知道刻骨铭心是什么感觉，不要不再相信爱情，不敢再为别人心动，随着时间推移，伤痛会慢慢变淡，成为远古化石，成为一个念想。想爱就放手去爱，哪怕痛彻心扉也要勇敢去爱，哪怕成为一段记忆也好，曾经那份记忆里的酸甜苦辣也是一种不错的体验。

林志炫的《单身情歌》中有这么一句歌词："爱要越挫越勇，爱要肯定执着，每一个单身的人得看透，想爱就别怕伤痛。”请你勇敢地向更好的生活探寻吧！即使跌倒，你也要夸赞自己是完美的化身。这是治愈曾经伤痛的办法，在时间的海洋里，爱情它依旧在顽强漂泊，受着煎熬，但是只要勇敢地迎接下一个人，结果一定不会那样惨淡。

美国好莱坞历史上最传奇的女明星伊丽莎白·泰勒，一生情路坎坷，经历八次婚姻，交往过不少人。虽然经历了这么多次失败的婚姻，但是她从没放弃对爱情的追求。人们称她拥有一颗孩子般的童心，她到老时仍然期待着下一个遇见的人。

爱情需要屡败屡战，徐志摩说过：“得之，我幸；不得，我命。”如果有幸遇到那个对的人，就要奋不顾身地争取。

人生短暂，不要为曾经某个人对爱情失望，对生活失望，改变这样的消极心态，做到不求结果，只求同行；不愿生生世世，只愿曾经拥有。愿你在最美的年华遇见那个人，并勇敢接受对方的心意。

第五章

世事无常，接纳你无力掌控的人和事

1. 明天和意外，你永远不知道哪个先来

明天和意外哪个会先来，这个问题谁也不知道。天灾、人祸、突如其来的疾病，这些或是自己或是他人的经历让我们明白世事无常。无论你怎样躲避，总会有那么一天让你遇见意外。生死就在一瞬间，或许连道别都来不及。应了那句话："眼睛一闭一睁，一天就过去了；眼睛一闭不睁，一辈子就过去了。"

在生死面前，其他都是小事，趁现在还有时间，做想做的事，成为想成为的人。和喜欢的人在一起，珍惜和家人的欢乐时光，珍惜和知心朋友的相处。

电影《后会无期》里有这样一句话："每一次告别，最好用力一点，多说一句话，可能是最后一句，多看一眼，可能是最后一眼。"生命就是如此，有时候不得不感慨，就好像大部分人会经历亲人、朋友的生离死别，在我们懵懂时还不能深刻感受到，等到长大，这种感受越来越强烈。

人越到一定年纪，就越不喜欢改变，你会看着朋友发着漂亮的旅游照片，一边羡慕，一边又继续过着循规蹈矩的生

活。这样的人生到底有什么意思？我们要知道，明天和意外不一定哪个会先到，还不如把现在的每一天过成明天，人生那么短暂，何不去接近梦想，抚慰自己焦虑的心灵？

我们二十岁出头的时候，除了青春什么都没有，但你未来几十年的时间可以成为想成为的样子，多去几个想去的地方，多了解几个想交往的人，多经历几次难忘的事情，多取得几项值得骄傲的成绩。就算未来充满意外又能怎么样？

没有到不了的明天，只有不去做的现在。埃米纳姆写过这样一段歌词："我不能在这里变老，我要在变老之前，去做一些到了八十岁还会微笑的事情。"

世界上还有很多需要你做的事情，不要伤春悲秋，不要犹犹豫豫，做一个固执的人，做一个追逐明天的人。这个世界会来阻止你，困难也会接踵而至，但只要那份坚持还在，不畏惧明天，我们的灵魂就会得到治愈。

意外来临之前，去向你暗恋的人告白，去做喜欢的工作，去几个喜欢的城市旅游。哪怕是一个人生活，从一个城市到另一个城市，从一个人身边到另一个人身边，从旁人的质疑到旁人的欣赏，只要你问心无愧，就不要退缩。

也许你直到意外来临也没能完成目标，没关系，因为你已经在做了。我们终究会找到能微笑走向明天的勇气。

最后，我们来这世上走一遭，总要留下些足迹，展现出生活在这里的状态，就连寒冬也能被温暖，就连热夏时节也能感受出清爽。无论今天多难熬，依旧要兴致昂扬地迎接明天。不管今天情绪多低落，也要期待美好的明天。

2. 无力和命运对抗，那就顺其自然

命运不像我们想象的那样美好，一些人平凡无奇却快乐逍遥，还有一些人立志做大事却难以做成想象中那么厉害的大事。无力改变命运一直是很多人都在经历的痛苦，求而不得，想改变又无力，甚至会痛恨自己弱小，以这样的心态面对命运坎坷很容易产生不良情绪。

“命里有时终须有，命里无时莫强求！”有些事情无法改变，你再怎么防备它，总有一天会到来，既然无法改变，还不如顺其自然。生活平淡，生命渺小。坦然地接受命运的安排，泰然处之，这也是一种力量，也是一种心态上的坚强。

当然，泰然处之并不是不思进取，而是接受已经发生的不幸，勇敢地面对未来。你要知道，接受已经发生的不幸，才会有勇气为未来而奋斗。面对无力改变的事情，我们要学着接受，学着克服它们。

著名小说家塔金顿和他的朋友聊天时表示，其他所有苦难他都可以承受，除了失明。不知道这是不是他给自己设定

的一个魔咒。在他晚年时，黑暗找到了他，医生郑重地告诉他：你的一只眼睛已经完全失明，另一只也接近失明，希望你做好成为盲人的准备。

这个厄运给了塔金顿当头一棒，一时间所有委屈和抑郁接踵而来，他无法分清现实和魔幻的差别。他只能尝试着去接受，主动找医生接受治疗，甚至不断安慰自己的家人："我没事，不要为我担心。"

即使已经被医生定义为失明，他也没有放弃希望，很快，他开始接受手术，失明的痛苦依然没有打压他的乐观，为尽快恢复，他一年内上了十二次手术台。他不光用积极的心态感染家人，还走出病房，来到公共区域和病友们聊天，用他天生的好口才逗其他人开心，让他们从悲伤的情绪中走出来。

在又一次手术结束后，他的眼睛依旧没有得到很大改善，但是他却安慰自己说："看不见没关系啊，我现在是多么幸运，能体验到这么专业的现代医疗科技，连眼部都可以手术，对以前的人来说是想都不敢想的。"

遭遇到突如其来的不幸，我们应该勇敢一点，如果你不去努力，那么你的未来会有更多的自我抱怨。如果无法改变命运，你不去接受，而是陷入丧气情绪中，沉浸在委屈中无法自拔，就不能坦然地面对困难，这样的生活是灰暗的。

如果无法改变，就去接受。勇敢地生活下去，勇敢地接受它。如果你做到这一点，那么就会在不幸来临时，自行慢慢治愈被抱怨和忧虑消磨的心。

顺其自然是一种生活态度，一种对万物的洒脱和释怀。当你在为一件事情拼尽全力却发现事情无法改变时，你就很需要保持顺其自然的心态，能成则成，成不了也不要强求，不要心痛。

如果从心理学角度说，人在面对世界的广阔时，会发现自己的渺小，在对某件事情无法掌控的时候，要修身养性，随缘。学着坦然接受，不断鼓励自己，不能改变就去接纳，可以改变就趁现在有力气赶紧去做。改变不了事实，就改变心态，乐观泰然。

世界上没有过不去的坎，只有感觉过不去的坎。很多事情不是我们做得不好，而是我们心里放不下。人人都有委屈，看得开，才能活得痛快，要靠自己双手战胜不幸。吃苦时，不放弃希望，委屈时，要懂得放宽心态。

3. 不逃避，以清醒的态度面对目前的艰难处境

人生在世，常会陷入艰难的处境中，要想做到不退而进，就要在逆境中保持清醒的态度，理性分析局势，哪些局势对自己有利，哪些局势对自己不利。如果化险为夷就马上去逆

转局面，放手一搏，不逃避，不放弃，做到力挽狂澜。

生活中，我们难免会掉进“坑”里，这时候不要慌张，用清醒的态度解决问题，把困境中的慌乱转换成解决问题的工具，冷静思考。当我们心境变得清醒、沉稳的时候，困境就可以成为我们的垫脚石。

在面对挫折时，有些人能够保持沉稳的心态，这就是“复原力”，复原力是指某些人能够在挫折中自行恢复原态，在失败和挑战中获得动力，并且相信自己可以克服生活中的任何压力。

拥有复原力的人会有以下几个特征：面对残酷的现实能够冷静接受；面对艰难的事情能够准确而坚定地寻找到事情的意义；面对突发状况可以灵活变通，用手中一切资源改变现状。

我们其实可以通过后天磨炼来提高复原力，练就坚强心态。一般拥有复原力的人能够自我调节情绪，在困境和情绪之间找到平衡，找准内在归属感。能控制自我情绪的人自控力都很好，在处理问题时很少会过于情绪化。

这类人的性格都比较外向，朋友众多，遇事能寻找到可以帮助自己的人。而内向的人正好相反，不善于交际的性格，让他们很少找人帮助自己，遇事退缩，不敢直接面对。拥有复原力的人还能够清醒、理智地判断出自己是否能够在大目标受挫的情况下达成某一方面的小目标，如果能够完成，那么他们会保持良好的心态，继续向前奋斗。

形成这种心态有社会和家庭方面的影响。在社会中，这类人一般人缘很好，存在感很高，更有自信。在家庭中，这类人的家人会培养他们的心理负荷能力，做错事会严格批评，但也不会缺乏关爱。

我们要意识到培养心灵修复能力的重要性，碰见困难就要立刻做出行动，接受现状，努力克服。当困难来临时，利用身边一切资源解决问题。尽快想出还有什么好办法可以补救，改善优化目前的资源，尽量做到防患于未然。

偶尔宣泄一下内心积压的情绪，可以通过向朋友倾诉、进行运动，通过自我释放的方式缓解压力。面对任何事情都要用成长和发展的思维看待问题，不要抱有非黑即白的态度，要相信能通过不断行动改变和提升自己，不把自己的失败定义为永久性能力不足，不局限于过去能力范畴之内。把一次失败看作是行动中的小数据，进行分析评估，做出总结，在下次行动中完成得更好，这就是一个好心态的人的行动力。

寻找目标自我激励，自我治愈。寻找做一件事情的意义感，给自己所做的事定一个目标，这样内心多少会有一种依靠。意义包括获得爱和给予爱，让周围环境变得更好等。

最后，把目光放长远，把时光拉长，会发现这些失败都不算什么，顶多是生命中一个细微的风吹草动，一次海浪波动。那些小波浪终将使我们更加强大，就如同谢丽尔·桑德伯格曾说过的："那些承载着苦难的时光，那些从根本上挑战你每一个坚持的日子，将决定你是怎样的人。"

4. 承认自己的无力，不执着于无能为力的事情

生活中有太多让我们无能为力的事情，我们无法控制时间流逝，无法百分百掌控未来，更加不能让已经永远离开的生命重新回到这个世界上。当我们追求卓越时，仰视着一项又一项挑战，尽己所能地执行着一次又一次的无能为力，我们不得不承认，在很多时候，我们的力量实在太过有限。

付静云已经二十六岁，从二十三岁开始她就在考研，三年过去了，三次考研失败，好像永远考不上自己想去的那个学校。三年的时光在她眼里变成浪费青春，变成无用时光。在这个分岔路口，她开始犹豫：是继续考研，还是和现在的应届毕业生抢工作？

"不，我不甘心。"付静云不甘心就这么从头再来，不甘心和小自己三岁的人有同样的学历，她决定再战一年。一年时间转眼就过去，付静云还是没有考上研究生，这时候她开始怀疑自己，她拖着一具疲惫的身躯，瞬间觉得自己好失败。"我当初为什么不去找工作呢？""我为什么就是考不上心仪

的学校呢？”无数个疑问从她的脑海中蹦了出来。

她甚至开始自我怀疑，“是我不够聪明吗？”“是我不够努力？”她把自己关在屋子里躺了一个月，在某一个深夜，她看着外面的夜色，从楼上一跃而下，结束了自己的生命。

过于痴迷在无能为力的事情上，过于沉浸在无能为力的氛围中，人们往往会消极，在执着中无助、沮丧，像一只困兽，又像一个失去斗志的囚犯。能力不足却痴心妄想，还不如承认自己的无力，不执着于这些让自己无能为力的事情。

我们对自己错误的认知，充满错觉和误解，会让我们相信自己可以突破某种极限，这种想法过于乐观。人生百态、万事万物都要有一个平衡。我们要知道，在某个赛场上，只能拥有一名冠军，容不下另一个。在一片土壤上只要一种植物过多，那么另一种植物的生长空间自然会变少。既然我们能够一眼看出其中蹊跷，为什么还要执着于一处，而不去另一处探索一番？

同理，我们不要把眼光放在某一处。要知道，不是只有白日的天空才最明亮，夜晚也有璀璨的星河。不是只有玫瑰才最艳丽，还有牡丹、紫罗兰、杜鹃花。放开眼界，我们会发现这繁华世界有那么多可以选择的余地。

深夜，王舒云还在练功，他的师父李靖听见外面的练功声，起身开门道：“这大半夜的，你在这儿干吗呢？”王舒云说：“师父，我想赶上师兄的功力，所以在拼命练习，争取打败师兄。”

李靖笑笑说：“你师兄比你修炼早，天分也比你高，你的能力自然没有你师兄的好，你要是想超过你师兄，可不是一天两天就能超过的，你现在需要养精蓄锐，睡觉！”

“不，师父。只要我努力练习，总有一天能超过师兄的。”王舒云不服气地说着。

“你知道你师叔是怎么输给你师伯的吗？那年同门比赛，你师叔向你师伯挑衅，称他练功没有恒心，不懂得吃苦。你师伯就静静地听着，等到比武当天，你师叔因为比赛前几日拼命练习，消耗了大量的体力，结果败给了你师伯。”

李靖继续说：“功夫不在一天两天的苦练，而在年年月月地积累。那时，你师叔练了三年的功夫，而你师伯已经连续练了十几年的功夫，俩人之间的差距是很大的。能吃苦、有恒心不一定会胜利。要想练功，首先就要把你这份执着心放下来，保持平常心，量力而行。”

不执着于眼前，才有更好的收获。看开一点，才能抓住成果。放下执念，行动反而更加轻松，甚至行动的脚步都在变快。所以，放弃那些奢望。有些东西根本无法获得，那么就过好当下。放弃那些贪婪，知足常乐，越是贪心，失去的也就越多，得到不一定美好，强行占据只会招架不住。放弃那些爱慕虚荣的想法，虚荣可以产生动力，同时也会产生痛苦，当现实生活达不到想象的那么好时，人会产生嫉妒和怨恨的心态。放弃那些固执吧！不必纠结对错，放弃不能拥有的，珍惜现在已有的。

我们经历过许许多多无能为力的事情，那些突如其来的变故、无法再一次经历的美好。很多时候人们重组，分开，再重组，有可能曾经无能为力的事情在某日被别人轻而易举做到。没有这份执着，这种功利心，我们将很容易获得幸福，每天都是一个惊喜，在生活的惊喜中期待着在未来某天一定能够轻松化解曾经的那个难题。

5. 告别不甘心的自己

当我们回首，会发现曾经那个不甘心的自己是多么面目可憎，沉迷在不甘和怨恨的氛围中，没有发现其实外界有很多美好迎接着我们。时间是告别不甘心最好的道具，只要我们愿意给自己一个时间，和曾经的人和事道别，再主动放下顽固的念头，还有什么是放不下的？最怕的就是因为时间的流逝越来越不甘，越来越舍不得放手。

王琪玮在朋友的聚会上认识了刘鸥，刘鸥身边不乏追求者，但是她正处在情伤中，放不下上一段感情，和前男友分分合合，金钱、时间、感情的积累，让刘鸥越来越不甘心，她不甘心就这么分手，于是变得拖拖拉拉。

王琪玮甘愿当刘鸥的备胎，飞蛾扑火般冲上去。就这样，刘鸥在前男友面前受了委屈，就在王琪玮面前施压，一物降一物，王琪玮在食物链最低端。不到一个月，王琪玮资助了刘鸥几十万元。他不断付出却得不到任何回报，每当他想放弃时，就会想："可能就差这么一点了，只要再等等，就能赢得刘鸥的心。"几年过去了，王琪玮从满怀希望地付出变成了不甘心地较劲。

王琪玮已经付出太多，变成感情中的困兽。刘鸥无法洒脱地离开前男友，王琪玮也无法洒脱地离开刘鸥。即使曾经有那么一点点爱意，现在全部变成了不甘，拼命和自己较劲。

很多人对曾经的事情不甘心、耿耿于怀，不一定是因为挂念、思念，很有可能是还没有忘记曾经的羞耻感，曾经的失败让他们忘不了。被打击，被排挤，或是被无视，这些不太好的印象深刻地存留在我们的脑海里。每个人都太过于在乎自己，即使现在会得到曾经得不到的，心境也不会和从前相同。

如果我们想要继续往前走，就要学会和从前告别。不能放下过去，又怎么能走向未来呢？总会有人说出这样的话："当初如果我好好学习就好了。""当初如果我挽回一下感情就好了。"这么多不甘心、懊悔都是阻止我们前进的绊脚石，后悔没有任何用处，背负着难以释怀的心情，怎么能完全展现自己的实力？行动起来自然吃力。

我们需要忘记过去，忘记懊悔，不再去想那些令自己后悔的事情，给自己的过去举行一次盛大的告别仪式，带着新力量开始未来的路程。

巴克利是乔丹时代知名的篮球巨星。他退役前，在一场西部决赛中，巴克利的教练要把他替换掉，让他下场，巴克利说了句话："别换我下场，我死后有很多时间休息。"这句话成为巴克利最著名的话之一，可见篮球对他有多么重要，但是他直到退役也没得到一个总冠军。

巴克利在球场上凶猛无比，甚至与其他队的球员发生过冲突。在打篮球的第十六个年头，巴克利选择退役，虽然不甘心，但是结果无法改变。他的医生告诉他，他的膝盖旧伤添新伤，无法再参加比赛。巴克利很快告别过去，重新出发。

退役后他成为了 TNT 解说员，和奥尼尔、肯尼一起主持，这样的退役生活其实也没有离开篮球，甚至这三个人临时成立小组合，成为美国家喻户晓的 TNT"天团"，成功开启另一番事业。

不要对过去挂念不舍，当我们没有办法继续走老路时，就向前看看有没有另外的道路可以走，没准就能看见不一样的希望。和过去的不甘心道别时，我们可以通过有仪式感的形式表达出来，看上去浪费时间，其实是在治疗自己内心。

一种表达方式是给自己写一段自述，把曾经的经历都写下来，并且深度剖析自己，认清现状，给自己勇气。在自述的过程中我们会感受到回忆过后的心酸、委屈、失落，有可能还有感激、庆幸、自傲。把过去发生的事情用情感表达出来，甚至可以尝试着忏悔，写下抱歉的事情，或者是感激的事情。比如写出“谢谢”“抱歉”等词语，来弥补内心的不平衡，可以给我们没有获得的那份物品或事物设立一份归宿，减少内心的不安。

另一种表达方式就是通过外界表达自己的想法，和朋友分享自己的不甘心，两个人一起分析，将内心的不甘、懊悔慢慢转换成平静、爱和感激。最后，所有告别都是告别自我的顽固、狭隘。要知道，繁华世界中属于自己的东西也不过三两个，重要的事和人也是如此，都是再渺小又再正常不过的。过去的遗憾、失落都会在今后的生活中释怀，学会自尊自爱，懂得如何去爱。

6. 怎样从亲人离世的痛苦中走出来

苏轼写过：“人有悲欢离合，月有阴晴圆缺，此事古难全。”亲人无法永远陪着我们，他们只能陪我们走过一段路，剩下的路还需要自己慢慢走。

刘俊杰十二岁就失去了父亲，之后几年他都是和母亲一起生活，偶尔还会回忆起曾经父亲带着自己出门玩雪的场景。刘俊杰最怕过节，特别是春节，家里所有的亲戚都要相聚在一起，表姐、表妹、堂哥、堂姐都有自己的爸爸，只有刘俊杰没有，这时候刘俊杰会非常失落。长大以后，刘俊杰更是直接不回家过年，常以加班为理由不回家。一次他高烧，昏睡在床上，大脑不清醒的他喊着“爸爸”。他的母亲把这一切都看在眼里，忍不住为他担忧。

死者已逝，生者更应该受到关照。亲人离世的打击固然很大，我们害怕分离，害怕生离死别，但唯有坚强，才可以安慰自己。长时间悲伤会坐立不安，精神恍惚、萎靡。过度沉浸在悲伤中甚至会影响到家庭正常生活，这样下去确实不是办法，我们需要自行治疗那些失去家人的痛。

许多人逃避现实来忘记亲人离世的痛苦，避免回忆过去。比如，远离家庭聚会，不和家人过重要节日，突然和家人保持距离。这样的行为不只展现了人懦弱的一面，还伤害了其他家人的心。所以，在面临亲人离世的悲痛时，要先接受离别，看清现实。在保持大脑清醒的情况下才能逐渐适应现实生活。我们要告诉自己，亲人确实已经离开，就算心里还没有准备好，也是木已成舟。

清晨四点十分，王艺涵还在睡梦中，一阵急促的电话铃声响起来，王艺涵一接电话，里面就传来大姐的声音：“艺涵，咱妈去世了。”大姐哽咽着，王艺涵瞬间就清醒了，赶紧驱车跑到大姐家。

王艺涵的母亲已经八十多岁了，十几年前患了脑血栓，一直是半瘫痪状态，于是二老搬到大姐家住，一瘫痪就是十几年，父亲和大姐一直精心照料着，本以为会慢慢变好，结果走得这么突然，等医生来的时候已经来不及抢救。

听了大姐的讲述，王艺涵已哭成泪人，嘴里念叨着：“我连最后一眼都没看见，唉！我都来不及告别。”大姐看王艺涵哭得这么伤心，也跟着哭起来。“咱妈这辈子受了多少苦，抚养六个孩子，一辈子没有闲下来的时候。”

“这样也算是解脱，病了十几年，没一天是舒服的。”大姐含着泪说。“这样想的话，还是替咱妈开心。”

亲人离世分两种情况，一种是亲人长期患病，家属已有心理准备，亲人离世，家人更能从痛苦中解脱出来；还有一种是亲人的突然离世，猝死、意外等，突然离开，家人一时半会儿很难接受这种结果。

我们内心悲痛，要依靠自己来治愈。在前几个月里，很多人会通过其他的事情转移注意力。比如，工作、学习、散心等，不要让这种悲伤影响到自己的生活。

我们常在电影里看到活着的人替死去的人完成心愿，其实这也是缅怀亲人的一种形式，这种方式就仿佛亲人还一直陪伴着我们，与我们一起去做亲人生前没做完的事。如果想要暂时忘掉痛苦，可以做一些简单重复又容易投入的事情，比如，打游戏、旅行、运动、体力劳动等。

内心悲伤甚至会转换成对死亡的恐惧，这时候我们可以去城市的各个养老院、孤儿院、流浪猫狗收容所等地方做义工，给予帮助和关怀，使内心平静，净化身心。甚至可以收养一只流浪猫或者狗，代替曾经的亲人的陪伴。

如果一个城市有很多和亲人有关的回忆，回想起来很伤心，就换一个环境，换一座城市居住，或者去另一个地方旅游。到不一样的城市，可以把内心的回忆暂时抹去，获得内心的平静。

失去亲人不等于失去全世界，生活中还是有很多人可以去交流，多和朋友聊天，多去社交。不封闭自己，敞开心扉，时间自然会治愈我们的心。

7. 接纳无常，是对自己的慈悲

世事无常，变幻莫测，世界上什么奇怪的事情都会发生，我们能做的除了改变也就只剩下接纳。在无力改变时，不同心态决定了在面对创伤时能否治愈自己的心。很多时候，我们接纳痛苦，其实是一种解脱，一种对自己心灵的慈悲之情。

王金环正值事业上升期，是台里有名的主持人、台柱子，然而在年初时，王金环被检查出癌症，这个消息像晴天霹雳一样。接下来的日子，她积极配合治疗，每天需要注射大量药物，一次又一次的手术让她的神智不太清醒，每天大部分时间都在昏睡。

她的病情一传十，十传百。观众都认为她不会痊愈，台里很快就有了新主持人，慢慢地，没有人再记得她，从每天几十个人来看望到现在没有人来看望她，除了满头白发的父母陪伴着她，没有别人了。

时间过去十一年，她从接受治疗，到暴瘦，脱发，康复，回归舞台，如同脱胎换骨一样，重新回到观众视线里。

生活的无常让人们学会接纳不幸，学会承担苦难。不懂得接纳的人会逐渐意志消沉，变得懈怠、懒散，失去自信，失去生活目标。有智慧的人则会以平常心对待这些，以慈悲来化解在挫折中所经历的痛苦。

实际上，那些看似光鲜的人背后都有着不为人知的苦闷，别人的烦恼不会比我们少很多，当那些痛苦一直包围着我们，我们需要做的就是不被这些痛苦所困住，让这些成为我们努力上升的台阶，把它们通通掩埋掉，踩在脚下。

王曦瑶和男朋友争吵过后，心不在焉地走在马路上，不幸发生车祸，好在捡回一条命，重伤之下，王曦瑶在昏迷当中有那么一瞬间转变了脑海中的偏执。“为什么不对身边的人好一点？”“我应该多陪陪爸妈！”“请让我活下来吧！”突如其来在灾难让王曦瑶看开了许多，等再见到男友时，两人冷静地谈了之前的问题。原来男友遇到了对的人，想要和王曦瑶分手，换在从前，王曦瑶一定会大吵一架，而这时她却平静地选择分开，祝福他。朋友不理解她的做法，她却说：“已经承受住了心灵和肉体上的重创，要对自己温柔一点，懂得放下了。”

希望每个人在经历无常后，都能够自困境中走出来，逃离昏暗，心静如水，接纳“无常”。面对生老病死、诋毁、低谷、意外等，需要学会接纳，只有真正承认不完美，才能更自然地展露给外界最真实的自己。

如果我们不具备战胜无常的能力，选择两败俱伤、逃避或者自怨自艾，只会把自己带入更大的灾难中。当我们与“无常”和解后，我们甚至会从中得到深刻的认识。

当我们拥有坦然接纳的能力，也就懂得满足。幸福是一种可以自己衡量的高度，有的人认为只要吃饱喝足就是一种幸福，有的人则认为成为最强大的那个人，才是真正的幸福。前者更加轻松快乐，懂得享受自己所获得的回报，而不是只看着没有得到的回报。后者却正好相反。当变故来临时，知足者更容易表现出对苦难的慈悲，更能接受和适应。要想后者改变自己的心态，只需要记住这样一句话：“不管你的鞋子多贵，多么舒适，最后也不过是走路的工具。”

最后，面对无常，要学会改变心态，看清自己的位置，有什么能力就做什么事，不强出头，也不要过于看低自己不出头。当突如其来的灾难发生时，心态是最重要的调节器，好的自愈力能够把绝望转化为希望。

8. 防患于未然，在意外到来之前做好准备

一辆承载着二十多名游客的大巴车在半路上起火，大部分乘客遇难；一架水陆两用的飞机在试飞时出现事故，四名飞行员遇难；恩施州发生了天然气管道爆炸事件，导致两人遇难。时常在新闻中看到各种意外、灾难，这些猝不及防地事故很有可能就发生在我们身边，意外的残酷在于没有警钟，没有预测，我们只能在发生之前做好防护，把风险降到最低。

于振和刘启合伙开了一家火锅店，饭店本来就不好做，又累又操心，两人好不容易赚了些钱，天有不测风云，于振在进货途中出了车祸，万幸只是货车和货物损坏了，赔了不少钱，两个人对饭店的营业额更加在意起来，但是越担心反而越容易出事，没过多久，饭店的厨房意外着火，结果自动警报器一直没响，错失最佳救火时间，火锅店翻修又赔了一

大笔钱。两人白折腾了一年，什么也没剩下来。

生活中总会碰见这些猝不及防的倒霉事，好不容易有了点收获，结果又在另一个地方赔个精光。想要降低风险，防护措施是必不可少的。防患于未然，在行动前做好准备，需要两个方面，一方面是心理上的预备和防护；一方面是行动上的准备和防护。

做好这两方面的准备，即使本人已经不在人世，或是无需再获得利益，也能够为后面的人提供一些便利。给自己和他人都留有一份保障。

郑开司在一家外企工作，朋友艳羡，家人满意，但是他偶尔还是会流露出焦虑的心态，朋友不解他的焦虑，于是问他："你有什么可焦虑的？很多人想去你们公司都进不去呢！"

"虽然是这么说，但是我的工资也不是很多，交了房贷车贷，剩下的钱连生一场大病都不敢。"郑开司一说完，朋友立马回应着："我也是这样的情况。"两人这才发现未来道路如此艰辛，如此遥远，看不见尽头，两人越聊越担忧，到最后双双失眠。

第二天，郑开司和朋友商量买一份保险以防万一，朋友答应了。两人投保了同一家公司的不同业务，但都有防风险的选项。时间过得很快，转眼人到中年，不是有病就是有灾的年纪，郑开司患了一场大病，原因是劳累过度，身体响起了警钟，家里的生活开销本来正好，算上郑开司的治疗费就有些吃不消。这时候郑开司想起自己投资的保险，拿到应得的赔偿，为家庭缓解了不少压力。

在意外到来之前防患于未然，需要给自己的心理做好建设。人生的道路坎坷，注定会有多种意外，在面临困难之前需要给自己打气，学会面对困难，寻找突破的办法。首先，在心理的建设上面做好结果预设，比如，设定一个最坏的结果，并且给这个结果想好出路。有这样的心理预设，心态上也就轻松很多，即使被打倒，也能在第一时间安慰自己，继续完成下面的事情，或者在接下来的时间里尽快弥补想象中的漏洞。

一颗有准备的心是一颗保持淡定的心，任世间复杂多变，我依旧不会改变自己的心境。而且，心态平衡了，心情才会舒畅，幸福感才会提升，行动上也更加积极。保持好心态，当厄运来临时，更能够独自承受。

当然，保持这样的心境并不容易，不去比较是保持心境最大的一个作用点。人一旦比较，行动上变质，就会迷失，当苦难来临，更会自怨自艾，觉得老天对自己不公平。防患于未然的一个前提就是不比较、不攀比、不爱慕别人的生活。

正确看待生活，善待他人，多经历故事，才能有更多感悟，在处事方面会更加成熟，道理一点就通，复杂变得简单化。要想防患于未然，还要少幻想，多看看实际发生的事情。现实中失意，最怕因长期的妄想而缺乏信念，现实一点未尝不是好事。

在生活中学习一些必备的急救技能，安全常识；在常居住的住处安置好急救箱，安装好安全防护装置；在公共场所，多留意商场的安全通道，户外的安全活动区域；给家人和自己买一份意外险，给未来一个保障。

最后，做好迎接意外的准备，坚强，淡然处世，不自怨自艾，乐观开朗，不泄气，不冲动。学会理性克制自己的愤怒、悲伤。对待别人不自私，对待自己的未来不忧虑，合理规划好一切，把所有的后路全都准备好，我们自然更有底气，也不会再有忧愁，多了一份自愈心灵的能力，会变得更加有气度，更加豁达。

9. 所有失去的，都会以另一种方式归来

生活就是在不断地向前，获得，再抛弃，再向前的过程。很多痛苦，没过多久就会以另一种方式弥补回来。失去多少，在未来就会获得多少。

一个国王去猎场打猎，由于护卫防护不当，被猛兽咬掉了一个小拇指头，国王大怒，想要把护卫全部关进牢房里，丞相看着气急败坏的国王，立即上前劝说道："我的王，这一切难道不是很幸运吗？万幸的是您只被咬掉了小拇指头。""怎么，

你还想要我伤在哪里？”国王愤怒地斥责着丞相，但也没有处决保护不周的护卫们。

有一次国王微服私访，被邻国的杀手抓住，国王灵机一动，说道：“我不是你们要找的人。”随后展示自己缺失小拇指的右手。传言国王手指纤长，面前这人手指粗糙，还缺了一指，杀手也开始怀疑起来，国王趁机逃走了。

有时候我们虽然失去了某些东西，但不一定这就是不好的事情，很有可能在未来获得更多的东西。所以，与其为现在失去的东西感到痛苦，还不如放弃这份执着，努力过好现在的生活，积极迎接未来。

在感情上也是如此，那个曾经迁就你的人不在了，也不要心碎，总有一天会有另一个人来弥补。帮我们重拾信心，填平伤痛，用时间来治愈一切。

王灵对上一段恋情一直念念不忘，从舍不得逐渐变成怨恨、不甘心，这份失败的恋情一直深藏在她的心里，甚至去找前男友，追着问他：“为什么分手？”直到她把所有的尊严耗尽，才发现根本回不到从前。

她花光了自己的勇气和尊严，变得更加沉稳，更加谨慎，当她以为再也不会收获爱情时，她遇见一个更好的人，经过几个月的相处，她不得不承认，这个人其实更加适合自己，就像拼图一样，对的位置，对的方块才更加合拍。两人顺理成章地结婚了，两个人有聊不完的话题。她不禁庆幸曾经从前那位没有回心转意。

我们要坚信，在生活中失去了什么，一定会在未来的某一天还回来。如果现在失去了爱情，那么在未来一定会还给你一份爱情，帮你重塑自我，拾起曾经那份信心。

如果失去了友情，那么在未来一定会还给你一份友情，给你一个灵魂更加有趣、无话不谈的好友。曾经的每一场心碎，都不过是一次分裂再组合的过程。我们被生活折磨得疲惫不堪时，一定要保持清醒，肯定会有一条道路，通向更加强大的自己，很多年之后再回头看一看，一定会感慨。

我们渐渐理解生活执着不来，总有分离，总有失去，又总有获得，总要再一次珍惜。所以，从困境中寻找新的可能，保持一种积极态度对待事情才是正事。没有绝对的好，也没有绝对的坏，一层又一层谜题等着我们解答，一场又一场电影等着我们观赏。换一个角度是新浪潮，另一个角度是幽默喜剧。

不要在意现在的失落，反正到最后都会归为尘土，再好的成绩、再成功的事业也会成为过眼云烟。所以，失去没有什么可难过的。孔雀失去了飞得更高的机会，却获得了美丽的羽毛；陡壁失去了依靠，却获得了朝阳和夕阳的眷顾。我们正在被时间牵着走，赶着走，失去童真，获得故事；失去稚嫩，获得稳重。

这一路很长，也很短，经历着疲惫，又一晃而过。遇到的每一个人和每一件事都是极其有意义的，注定遇见的，躲也躲不掉，注定失去的，抓也抓不回来。不要怨恨，不要遗憾，大概这就是生活。不断伤痛，不断治愈，不断结束，又不断开始，放宽心态，不要逃避，让自己活得更加精彩。

第六章

隔离伤害，
敏感的你需要一点钝感力

1. 为什么别人的否定和指责会让你受伤

我们在生活中总会遇见这样的人，他们会对你不断挑剔、嫌弃、劝阻、控制。从你身上不停地寻找缺点，面对这样的情况，有的人会毫不在意，有些人则很讨厌受到这样的指责，会很在意别人对自己的评价，甚至会因为不好的言论而受伤。

王纯夏赴朋友约会，提前两个小时便开始打扮自己，换衣服，做造型，翻来覆去收拾很久，最后王纯夏决定穿着新裙子去赴约，本以为会得到朋友夸奖，王纯夏还一边期待，一边不好意思地走向赴约地点。结果到了约定的咖啡厅，朋友寒暄一阵子，看了看王纯夏的打扮，毫不在意地对她说："你这裙子好像一个灯笼罩，哈哈哈！"朋友的嘲笑立刻令还在兴奋当中的王纯夏下不来台，心情瞬间低到谷底。王纯夏之后很少找这位朋友出来玩了。

你在意他的观点，但是对方却没有给予你所期待的回应，因此你才会生气。比如，你以为对方会说你很瘦，结果对方却嘲笑你肥胖，这时候满怀期待的你内心多少会受伤。你的期待越高，别人的否定对你的打击就会越大。

被人否定感觉受伤、愤怒和委屈，甚至认为自己确实是这样的人，我们为什么会形成这样的感受呢？

这源于内心深处的恐惧，那就是害怕自己被否定自己的那个人抛弃。这种抛弃也可以看作是言语上的抛弃，社交圈中的排斥，某个层面上人的不认同。人们害怕听到这些反驳，不被社会认同。明明已经很努力地证明自己，小心翼翼地活着，却没有得到期望中那样的对待，心中的不甘、不满意、全部被激活。

这种排斥和反驳很有可能不是第一个人这么对你说，从有意识开始，就不停地有人否定你，指责你，没有表扬，只有不满意，长期灌输不好的观念，会造成你敏感的性格。

潜意识里有一层恐惧，这层恐惧仿佛在告诉你，只有别人满意我们才能更加安全，才能被爱。这种恐惧会让人随着年龄的增长，随着认识的人变得更多开始渴望得到其他人关爱。可惜，周围的人不仅对你不满意，还重复曾经的人的回应，使这些人深受伤害。所以，有些人讨厌被指责，还有一部分原因就是现在的指责让他想起以前同样受到指责的经历，这像一个触发装置，一个连锁线。同时，还有另一种极端，从来都是被人夸奖，于是很害怕被别人指责，当这样的人突然被指责时，内心就会接受不了。

另外，太在乎别人评价的人一般自我价值感比较低，属于讨好型人格，不够自信，很喜欢以别人的评价为标准对待自己。

讨好型人格在工作恋爱中会体现出小心翼翼的交流状态，这种心理的人非常害怕在交谈中冷场，于是不断地照顾他人的感受，浪费了大量时间，把自己弄得筋疲力尽。讨好型人格喜欢把坏情绪隐藏起来，无法拒绝别人的请求，无法与别人吵架。

在人际关系中放低自己，讨好别人，不想给团队拖后腿，于是认真工作，有很强的责任心。这种努力让别人高兴的心理，不断折磨着他们，在生活中很难找寻到幸福的感觉。

这种人常会表现出这样的状态：没有拒绝别人的边界线，不知道什么该做，什么不该做；不知道如何用拒绝保护自己；很少自己做决定，总是在听别人的建议，很难独立面对困难。他们希望所有的决定都能让别人满意，于是经常表现得很随和。遇到困难不喜欢麻烦别人，总想着先自己解决掉，这会给自己带来很大的困扰。

每天都会消耗大量的时间想着别人需要什么，不去主动建立自己的生活观、价值观，一直挣扎在别人的想法和世界里，因此就会出现这种很在意别人的否定和指责的行为。

2. 做人不要敏感，想太多伤到的反而是自己

做人千万不要太敏感，你内心的转变决定了你能在社会混多久，思虑过多伤害的是自己，说者无意，你却句句往心里听，想来想去，琢磨来琢磨去是多么浪费时间的事情，很多时候我们要给自己增加一点钝感力。

王传金是一个有一点小事就会放在心上的人，有一次他让别人帮忙带一杯可乐，因为临走时忘记和那个人说“谢谢”担忧了很久，“我是不是没有做好？”结果那个人完全忘了这回事，王传金还在那里想着这个问题。

这样的性格在其他方面更是体现出来，每次和别人聊天后都会失眠，失眠原因很可能是聊天中的一两句话让王传金反复想起来，“这句话我是不是不该说？”“我说这些他不会讨厌我吧！”然而，当晚和他聊天的朋友完全没有在意，甚至回家就忘了聊天的内容。

做人太敏感会太累，对方说句“哦”，你就觉得他在冷落你。对方开一个玩笑，你就觉得他在轻视你。其实对方完全没有这个意思，你想的太多，人与人之间就会产生隔阂。

高敏感的人有什么特征呢？高敏感的人比平常人更能够感受到生活中细致的信息，甚至会放大生活中消极和积极的回应，而这些回应被放大后，就会让高敏感的人不知所措。高敏

感的人群在外界环境中有很强的观察力和感触力，他们通常能够很快发现生活中的变化，哪怕是一些细微变化。敏感的人大致有以下特征：喜欢独处；对感知的事物以情绪化处理；行动起来犹豫不决；执着于细节；十分谨慎，步步惊心；对待别人小心翼翼，十分有礼貌；经常在夜深人静的时候产生焦虑；非常重视团队作战，从来不做拖后腿的人；不喜欢过于刺激的活动，如极限挑战、惊悚类的娱乐活动等。

我们需要反思，思考这种过分忧虑是不是我们自己的问题，我们需要改变思考的方式，甚至多思考一些正面的东西，来让自己好受一点。我们知道思维敏感是感官敏感传递过来的，而感官又决定于情绪方面的释放，于是情绪其实在控制着我们的思维，情绪就是我们对外界干扰所做出来的反应，这些反应是为了更好地保护好我们自己。

情商高的人在控制情绪方面如鱼得水，虽然他们的敏感度可能也不低，但是他们可以自我控制，自我化解。而过于敏感的人则是那些内心敏感，又不能自我化解负面情绪的那些人，这种人面对问题时，一边处理问题，一边内心会不断地焦虑，甚至很有可能把事情搞砸。

我们面对问题不要过于敏感，要多寻找钝感力。敏感的人可以根据不同的场景来选择不同的调节情绪的方式。在与恋人交往中，我们可以放平心态，不要表现出一副没有耐心、心浮气躁的姿态，很多时候，你的敏感导致你表达失真，甚至会吓到对方，这就得不偿失了。在工作中，你的敏感大多来源于做不好事的挫折感，这时候你的理智一定要战胜自己的感情，解决完一件事后一定要反思自己哪些地方没做好，哪些地方需要改进，而不是感性地一直埋怨自己。克制自己想不好的事情，多练习几遍，就会少很多敏感的事情。

在与人交际中，被别人无缘无故中伤、为难、刻薄对待是常有的事，敏感的人这时候不要把自己弄得不开心。一些不中听的话过滤掉，把能听的话记在心里。不要把对方的中伤放在心里惩罚自己，仔细想想对方为什么会这么说你，找一个理由，对方出于关心、嫉妒还是一时口快？体会到对方的心情，也就能够理解他为什么会这么说了。这点小事也就不必再记在心里，接纳自己的缺点，接受别人对自己的看法。

在亲情中更多的是包容，既然互相爱着对方，对方即使在言语中说了一些不好听的话，也不要放在心上，一些看不惯的小事就会慢慢看开，变得宽容、豁达。

3. 那些妄加揣测的恶意，不值得你费力回应

现在网络时代有一种“新生物种”叫做“键盘侠”，他们在网络上肆意造谣，恶意揣测别人的生活，把一切不负责任

的言论放大数百倍，让旁人在他们的带动下变得愤怒，厌恶那个被中伤的人。很多时候，这样的言论在现实生活中也会听见，那些在背地里议论别人的人，面目可憎，甚至损害我们不少利益。

受害者变成施害者的例子屡见不鲜，人们盲目地凭借自己的揣测给出判断，最后谁也没有道歉，却让受害者付出了生命的代价。如果我们无端受到别人揣测，有理说不清，我们最重要的就是调节好自己的心态，先不要去质疑自己，质疑自己是否有什么问题，而是要思考现在需要做些什么能从这些流言中解脱出来，转移注意力，让目前自己的状态好一点。

我们可以从以下几个方面入手，首先是完成自己想要做的事情，卡尔·拉格斐说过："奢侈就是可以随心所欲做你想做的事，而不是占有更多的财物。"当你被流言蜚语环绕，而你不满意自己的需求，不满意对方的评判标准，可以通过回避、冷漠、有力的回应来发泄你的愤怒。人一旦优秀了，总要接受这些无端猜测，在有些人眼里你无论做什么，他们都不会满意，与其让双方都痛苦，还不如先远离他们，做好自己想做的事情。

其次，放下那种我们做不好就会被别人揣测的念头。有些人只是不喜欢你的某一点，就会随意评价，最后做出结论。这一点并不代表你这个人的全部，你要知道一个道理，不喜欢可以适量表达，就事论事，不应该被人泛化，所以那些恶意揣测，不要管它们，不要在意它们。不要因为别人的一句恶言恶语就心生闷气，造成心理负担。当你无论怎么解释他人都不相信时，就不要再和这样的人活在一个朋友圈里了。

再次，放下“全优”的包袱，你不可能让所有人都喜欢你，也不可能事事都能做得非常好，这个人对你满意了，另一个人可能对你不满意。那又能怎么样？只要我们做出令自己满意的事情就好了。如果他们对我们不满意，恶意地去评论，我们就要改变，那么就是在为别人而生活了。

不必太在意和放大别人的恶意言论，把注意力放在令自己舒适的地方，你会发现这些评论对自己也没有什么影响。调整好心态，要知道现在是信息化世界，人们不会在一个信息上停留很久，没多久也就不再有人关注这件事情。当有人恶意谈论你时，也有可能是信息不对等，缺乏交流的原因，这时候我们不要再沉迷于自我世界，多沟通，让别人知道你是什么样的人，改变别人对你的看法。

最后，面对别人的恶意诽谤，除了愤怒和逃离，最重要的是，我们要学会自我调节，自我治愈。当我们心平气和地面对别人的指责、愤怒、否定、窥探时，这时候对方就像一位没有理智的疯子，而我们独自站在神清气爽的高处。微笑面对，他们指责是他们的事情，与我们无关，此时的诽谤和以后的夸赞都是虚无。

4. 偶尔活得粗糙一点，就会少一些伤感

细腻的人太容易看清事情真相，一旦认真起来，就会把所有担忧加进来。而粗糙的人即使能够看清事物真相，也懒得计较得失，只找简单的快乐，把人生的美好滋味都寻觅了一番。

《红楼梦》第二十六回。林黛玉来到怡红院，敲门的时候，正好撞到晴雯生气，晴雯没有仔细听清楚门的响动，林黛玉敲了几下，却没人回应，便把这件事怪罪在贾宝玉身上。林黛玉以为人家是故意不开门，便越想越伤心，独自站在墙角的阴影下哭起来。回到自己的庭院，林黛玉走进屋内，便倚着床栏，两手抱着膝，两眼含着泪，呆呆地坐了很久。而史湘云和薛宝钗经常受到贾宝玉不留情面的嘲笑，却也只是红着脸，反驳回去。林黛玉因为这一点点误会就哭得撕心裂肺，思虑过多，最终导致她一身病。

活得太细腻不好，每天想着曲曲折折的事情，没有一天是守得云开见月明。粗糙一点没什么不好，粗糙有利于身心健康，对我们生活有很大益处。甚至是事业的成功，生活的幸福都可以因为粗糙的精神而成为事实。

粗糙的人不讲究，却因此获得福气。

身体和心灵其实有很大联系，心理上这关过得去，身体

才能放轻松。有研究表明，多数失眠的人都是因为太过敏感，对声音的敏感导致一点点噪音都能感受到。而粗糙的人因为不在意这些声音，能够安然入睡。

《士兵突击》里的许三多是个可怜人，他的可怜体现在生活中，即使是掉在水里的方便面他依然会捡起来吃。他是单亲家庭的老三，从小缺乏母爱，对于农村家庭来说许三多意味着沉重的经济负担，他父亲总是有意无意地责怪他，常称呼他为“龟儿子”。他穿着哥哥的旧衣服，吃着粗糙的饭菜，被亲近的人欺负，养成了他迟钝的性格。

很多人嘲笑他，讽刺他，而他处理的方法就是傻笑。哪怕是对他好一丁点的人，他都十分依赖。许三多是一个简单的人，他没有远大目标，没有豪言壮志，他生活在队伍里的意义就是修路，为此宁可不留在团部，在他眼中，连队才是好地方。刚来钢七连时，他一度彻底失去信心，为了能留下来，他拼命从倒数做到最好。

简单思考问题的方式成就了许三多，他能流利背诵那些枯燥的技术数据，心无杂念，只因为上级说要全部背诵。连队解散，他固执地认为自己在这，钢七连就在。活捉袁朗，只是为了报被迫退出演习的仇。参加老A选拔，只为了能见到战友……对他来说，这些事情比取得辉煌的成绩更有意义。最终，许三多粗糙又固执的个性感染了很多人，他也成为大家心中认可的优秀士兵。

粗糙的人生更解压，就像一位每天累得满头大汗的人，回到家后倒头就睡，这就是一种粗糙。没精力感伤，没心情酝酿情绪，粗糙的生活把这些负面情绪冲刷过滤掉了。听从心灵就是治愈心灵，摆脱对现实生活的沮丧，就把心灵转移到艺术上来。把精力投入到另一个角度中，这样的投入使心情更加欢乐。粗糙地分析消极事物，是一种能力，是心灵的一种寄托，当心灵更加强大，胆怯的想法自然就消失了。

粗糙的心态让我们更远离疾病，更容易自我治愈，不管是心灵上还是身体上的疾病。适度粗糙可以让心情放松下来，使交感神经处于平和状态，缓解交感神经的负担，让血液畅通，身心更健康。冯唐就说过："预防癌症就是要不着急、不害怕、不要脸。"这就是粗糙神经的精髓。

粗糙的心态能让我们更加成功，就比如说面对一次小失败，敏感的人会因此难过，崩溃。而迟钝的人一转眼就会忘记这件事，继续谈笑风生，怀着这种心态在工作上更加放松、高效。

粗糙的心灵让爱更加动人，让恨更加弱小，让想留下的美好更加具体，让想获得的生活更加鲜活生动，让我们在黑暗的地方更加勇敢，在困境中更加坦然。粗糙让我们不害怕批评和嘲讽，变得宽容大度，与人交流更加顺畅，争吵也会少很多。

5. 活得简单，就不会在多余的事情上纠缠

别把生活搞得太复杂，所谓“世上本无事，庸人自扰之”。多余的纠缠最后只不过是另一种形式的吵架和唧唧歪歪。过分追求和计较只会不断消耗你宝贵的时间。特别是临近结束的时候，你会发现这场纠结最后只是一场空，还不如活得简单些，心胸豁达一些。

王希云和上司一起去外地出差，两人匆匆搬好行李，就拿着取材工具外出取材。从早上工作到下午五点，一位背着包的中年男子走过来，说是赶路钱包丢了，想要借些钱吃饭。这理由，一听就是骗子，王希云不搭理他，继续赶工。没想到这个借钱的人一副你不给钱就不走的样子，不停地在两人面前晃，还故意撞倒王希云架好的取景仪器，王希云顿时怒火中烧，摆出一副想立刻打架的姿势，结果上司很好说话地拿出五元钱给了这个人，那人识趣地走了。王希云一脸不解地说：“老板，这种人就不能惯着，我都替您憋屈。”

上司说：“现在还有一个小时，天就完全黑了，争分夺秒，哪有工夫纠缠在这点小事上。”

不在多余的事情上纠缠是一种行为上的艺术，很少有人能够完全控制自己的愤怒、不甘心。只做好自己的事情，只追求自己的生活是多么难得。现代人的戾气越来越大，负能

量满满，随处可见的诋毁、攻击、指责，不分黑白的谩骂，很多人难以对这些无动于衷。真正的高手会选择忘记这些，加快脚步，脱离诋毁的言论，进入到更高一层的阶梯上。要知道，人生苦短，我们还有很多事要做，你想收获的不是一大堆不重要的麻烦事，而是一个充满趣味、丰富的人生。

王晗的公司招来一位外形很漂亮的应届毕业生，结果刚一上任，公司就给她一个大任务，一些员工开始眼红，私底下造谣说女孩是上司亲闺女，和老总有不可告人的秘密。这谣言一传十，十传百，全公司几乎都知道了这件事，有些人还真的相信，偶尔同事聚餐还会成为闲聊的话题，王晗看不下去了，有一次交接工作时，王晗对这个女孩说："你知不知道公司到处传播你的谣言？你不要澄清一下吗？"

那个女孩说："我哪有那么多时间管这些事，身正不怕影子歪，有这时间还能做不少工作。"

后来，王晗和她在工作中接触后，才了解到她是真的很忙碌，业绩也非常好，和她合作最害怕的是自己拖后腿。熟了之后，王晗发现女孩下班后，还会不断地学习，充实自己的生活，而交际圈也非常简单。

又过了几年，女孩顺利升职为主管，没有一个人敢质疑。原因是这个女孩一个人的业绩是这些闲聊八卦的人业绩的总和。而现在女孩又成为他们的顶头上司，瞬间所有的诋毁变成下属们变着花样地拍马屁。

简单的人看见的世界和别人看见的是不一样的，这样的看见是看不见多余的事，看得到重要的事。简单的人懂得选择平静的日子，在欲望纷杂的世界里，能够平心静气，内敛平和。即使生活很清苦，也是他们愿意的，在别人看来是贫苦，在他们看来是甜美。精神的极度富有让他们学会了放弃多余的事。

我们会发现，当一个人非常珍惜手中之物时，也会非常珍惜身边所获得的事物。爱和温暖是一种珍重，中庸之道，守得住，又放得下。不为所动之人喜欢在简单中生存，不是喜欢什么就拿什么，而是知道自己需要什么，不需要什么。

身在沼泽，心态平和。这样的人不受利益诱惑，更加渴望单纯的世界。功利看得多了便厌烦，虚伪见得多了便想回避。有的人入戏太深，难以自拔；有的人能全身而退，洗净身上的淤泥。

功利主义、道德败坏、生活糜烂是堕落的开始，也是人们难以克制欲望的开始，当一些人在拼命追赶这些东西时，我们全身而退，笑看这些，觉得整个世界都清净了。

活得简单是一种福气，不被贪婪所牵绊，随遇而安的人，能够发现生活中细小的美好。世间万物，花鸟虫鱼，朝霞和夕阳，都是美好又简单的东西。不把自己搞得疲惫不堪，学会边走边欣赏路过的风景，因为等你老了，后悔了，再回头看时，就已经看不到了。

6. 过分在意别人的评价，疑神疑鬼怎么办

《勇气》里有一句歌词是这么写的：“只要你一个眼神肯定，我的爱就有意义。”这句话完全体现了过分在意别人评价的状态，这种状态下的人会因为别人一个细微动作，一个不慎在意的回应而变得疑神疑鬼，这样真的好吗？

王绍刚进到公司，做的第一个项目就是给一位大明星设计海报，王绍瞬间紧张得说不出话，每天精神极度集中，生怕某个环节出差错得罪别人。甲方说改一点，他就全都改一遍。甲方说换个颜色，他就做好几个备用选项。连续几周的精神紧张，导致他黑眼圈泛滥，睡眠不足，精神萎靡。

一位七年的老员工安慰他说：“你不用那么紧张，做好该做的就行。”王绍摇摇头说：“可是我怕甲方不满意。”老员工说：“甲方对你很满意，他们如果不满意，一定会提出来。”王绍说：“那你就不怕做错什么吗？”老员工说：“我有一次把宣传语写错了，当时连夜改单子，被骂的次数不少，但是这也没什么大不了的，不要太在意别人对你的评价，错了改好不就完事了嘛！”

在工作中因为对方一句话而怀疑自己做错什么。感情中对方一个眼神，一个动作，便成为另一种解读，担心自己是否哪句话说错。这种状况是因为人们过分看重社会取向，而

不是自己的取向。这时候，人们更加关注的并非自己，而是他人对自己的态度。

当我们在意所有人的评价时，就会产生分裂感，你会感觉大脑同时有好几种声音在拉扯你，一层压着一层，这种压力会击垮一个非常自信的人，做事变得犹犹豫豫。这时候人们总会在意未来和过去的自己，在意未来的自己达不到理想预期，在意过去自己做错事，给别人留下不好的印象，不好的名声，就是没有勇气活在当下，变得自卑又自恋，脆弱敏感，惶恐不安，做什么都无法静下心来。

其实，自我治愈是非常好的净化内心杂质的过程。心理学上，过分在意评价的行为被称为“被洞察错觉”，行为有：自我聚焦，思虑过重，总以为别人在观察你，甚至认为别人能一眼看穿你。原因是过于自我，以自我为中心。我们仔细想想，别人也有别人的生活，哪有那么多时间观察你，这只是你的独角戏而已。我们对自己了如指掌，但他人未必能看清我们。当我们过分在意别人的评价时，就要在内心提醒自己：其实没有那么多意思，别人没有在针对我。

同时，我们要改变自己的态度，把过于自我地思考问题变成全面地思考问题，将自我放到自己的领域，别人放到别人的领域，在做自己的事情时要认真，完成理想中的自我，也就屏蔽了别人对你的评价。

有人说：“生活总是给我各种各样的压力，让我不得不听别人的评价。”就像朋友聚会吹牛皮，亲戚询问，家人期盼，这些评价都成为一种负担。我们要知道，这些评价，不管是夸赞还是诋毁，到最后都会随着时间推移慢慢淡化、消失，人最终也会消失，那么这些评价现在看来也就没有什么意义，这不过是一句话，甚至是经不起推敲的话。别因为这些评论为难自己，请洒脱地做好自己的事，活在当下。从空间上放大自己的生活，把生活过得更好；从时间上放长远，正确对待赞美和诋毁。

我们也可以找那些经常评价自己的人谈谈话，坦承公开自己的想法，把我们的不安、诚惶诚恐都与对方说明，你一定会得到这样一句回答：“其实你很好，没有你想象中的那么差。”

7. 你不必为别人的情绪负责

我们有时候常会出现这样的状况，和别人待在一起时，对方更健谈，我们也会变得很健谈；对方沉默寡言，我们也同样沉默着。这种受别人情绪影响的交流方式其实很累，因为这样的方式让你开始在意别人的负面情绪，并且受到影响，出现了一种叫做“看不得别人难过”的症状。

王焕和女儿约定好了每天只能玩一个小时游戏，结果今天女儿要求再多玩一会，王焕狠狠心，对女儿说："答应的事情就要做到，你早就已经超过一个小时的时间了。"女儿听到王焕的回应，不开心地回到房间，重重地摔上门，很久都不说话。

王焕看见女儿的态度，立马不开心起来，甚至充满担忧。王焕的丈夫看见她患得患失的样子，说道："你担心什么，女儿不是已经不玩游戏了嘛！"

"可是她的态度不是好的，甚至带着愤怒、不情愿，显得我像一位坏妈妈。"

丈夫说："制定了规则就要按照规则办事，你开车在路上遇见行人是不是要让一下？你买东西是不是要排队？不能因为这一点规矩就不愿意吧！不要为孩子的伤心而内疚，你这是在教育她成为更好、更自律的人啊！"

在与别人交往时，自己会制订计划，但又顾虑着别人的感受，二者冲突，最后把自己弄得很矛盾。这些矛盾背后是想为对方的情绪负责，当对方出现负面情绪时，就会不自觉陷进去，出现同样不快乐的情绪。

对重视的人产生这样的情感可以理解，但如果交谈过多的人都会影响到你的情绪时，就会产生很大的影响，这时候我们需要远离负能量，尽可能保持距离感，保持"界限"。尊重别人的情绪，允许他人情绪自由，他人伤心、忧郁、自怨自艾都是他人的事情，不要因安抚他人而把自己的情绪同样降到最低。

科学研究表明，开导者自己保持着开朗乐观的状态是帮助他人情绪产生好转的重要因素。即使他人的负能量令我们的情绪低落，我们的正能量同样可以感染到对方。所以当看到别人产生负面情绪时，尽量让自己的情绪平静，尝试着通过其他的兴趣爱好转移自己的注意力。高频率的心情才能改变低频率的心情，两个低频率的心情互相交流，只会让事情变得更糟糕。保持开朗乐观的状态是我们面对对方不良情绪时一个不错选择。

王雨涵做了两年多教育咨询工作，授课老师经常向上级反应自己和王雨涵联系不上。领导找到王雨涵询问情况："你对授课老师有什么意见吗？"

"没有啊！"

"那你为什么不和他联络？"

"我怕打扰到他，所以都会一个人做完所有事情。"

"但是你一个人做完的事情都和授课老师对接不上，做出来有什么用？"

"说实话，授课老师每天看起来都很烦躁，我不想上前交流。"

"那么你烦躁吗？"

"我很烦，我都要抑郁了。"

有些人会因为对方有情绪，便不想再联系，但是内心会进行拉锯战，一边担忧自己的行为会伤害到对方，一面又不想靠近，远远地离开。这样的方式虽然在空间上分开彼此，但是情绪上还是被对方影响到了。

不必为别人的情绪负责，及时回应对方产生的情绪，我们依旧要继续行使自己的权利，或是继续交流，或是继续生活。在安抚对方的同时，也不应该被对方情绪感染，产生愧疚、逃避、愤怒等感情。

真正爱一个人是尊重对方的诉求、想法。他人有选择情绪的权利和表达的权利。我们只要管好自己的情绪，不被他人影响就好了。在善良的基础上，不过分讽刺、中伤对方的痛点，拿出一套有诚意的安慰就可以了。

内心强大的人会把负面情绪排斥出去，帮助他人排解负面情绪；内心软弱的人会感染到对方的情绪，并产生愤怒、愧疚、逃避等心理。柔软的人会吸收别人的负面情绪，为对方提出有效的建议。独立的人会自我排解负面情绪，并且还会屏蔽对方的情绪。不管你是什么样的心态，你要知道，责任越大，心就越累。放松心态做好自己，做到自信待人，才是一个健康的心理状态。

8. 不觊觎别人的光鲜华丽，就能远离嫉妒的疼

影视剧中时常上演这样一幕，女二或者男二永远在背后默默嫉妒着女一或者男一，看着主角光鲜亮丽，自己却如此不幸，简直是度日如年。嫉妒使人疼痛，使人退步，甚至使人们变坏。但凡主角取得些成就，这些人就会暗地里拿出百分百的努力截和。

走自己的路，看自己的风景才最好，专注自我，不要总盯着别人转。我们羡慕别人的辉煌、光鲜亮丽的同时，其实是在消耗自己宝贵的时间，消耗青春，磨损独立的人格。

《迁善录》中记载过这样一段故事，讲的是宋国有一位大夫蒋瑗，他有十个儿子，可惜这十个儿子命都不太好，有痴呆的，有眼盲的，有身陷牢狱之灾的。公明子皋问他："你到底做了什么事情，家中沦落到这种地步？"蒋瑗说："我平时不作恶，只是喜欢嫉妒别人，只要谁比我好一点，我就会记恨他，谁要是夸赞我，我就喜欢他。谁要是做了善事，我就怀疑他别有用心，谁要是作恶，我就不加考察，完全相信。看见别人的收获，就好像自己失去了什么，看见别人的失败，就好像自己得到了什么，心里暗自开心。"公明子皋听完这番话，不禁嫌恶道："你有这种不正常的小心思，厄运不找你

找谁？”

善妒的人再怎么诅咒别人，也没有改变别人的福报，反而自己因为思虑过重，大大折损了福气。这样的结果不是说说而已，嫉妒的疼不只疼在心里，同时也疼在肉里。研究表明，过度嫉妒是一种病态心理，这种心理不仅影响着一个人的道德品质，同时还会因为长期心态不好，身体的某些功能发生病变。最明显的就是人在嫉妒时会产生失眠、烦躁、低落等情绪，这种情绪会影响到神经、免疫、消化系统，甚至还会产生妄想症。

我们都知道，每个人都会有嫉妒心理，嫉妒朋友，嫉妒同事，嫉妒邻居等，这种嫉妒只要正确引导，会让我们心态更加完善。

王建中和刘雨是发小，从小一起长大，受着同样的教育，连大学都是上的同一个学校、同一个专业。结果刘雨在十几岁的时候被导演相中成为了明星，顿时两个人的差距越来越大。王建中毕业后在一家小公司做职员，每个月拿着几千块的工资。

别人一听说王建中是刘雨的发小，就会问他：“你发小这么幸运，你就不嫉妒吗？”他说：“这是他应得的，有什么嫉妒与不嫉妒的，得到的越多，责任越大，有什么能力就做什么事。”

有嫉妒心理是很正常的一件事，只要用合理的方式解决它，就能保持一个良好的心态。做到把嫉妒转换成欣赏，甚至可以把这份嫉妒变成激励你的动力，而不是心中的一种痛。

首先，我们需要做一个自我评估。正视自己的能力，想一想自己付出和收获是否成正比？自己的能力是否可以获得更多？并且做出合理的思考和规划，在心态上让自己变得更积极，让自己的情绪更加稳定，保持一种好心态。

其次，一定要培养一种洒脱的心境。正视自己真实的内心，嫉妒是因为求而不得，别人获得了自己难以企及的高度，因此会出现强烈的不甘心，出现强烈的负面情绪，建立洒脱自然的心态是重要的，你要知道人外有人，天外有天。你压过一个人，还会有另一个人出现。因此，一个人比你强也没有什么好嫉妒的。不要和别人比较，比较只会让你变得越来越消极，给自己找别扭。

最后，我们要勇于承认自己的嫉妒心理，这无可厚非，很多时候我们无法摆脱它们，就要承认这件事情，接受这种情绪。当我们承认这种观点时，就会更加平静地看待嫉妒。解剖自己，不再嫉妒。正确认识自己的心态和优缺点，把嫉妒转化成动力，而不是疼痛。

9. 有点锋芒，别让你的善良被人利用

爱默生曾经说过：“你的善良必须有点锋芒，不然就等于零。”善良不是懦弱，不是无限付出，善良是性情温和，同时又有一定分寸。过分善良换来的不一定是同等的爱，也有可能是无数次索求和理所应当，还有可能是欺辱和不被尊重。

李佳航做批发生意的那几年里，经历了许多。他曾经聘用了一位看起来老实忠厚的人来工作，几个月过去了，他在聊天中发现这个新员工没有想象中那么手脚规矩，他贷款信用被很多银行拉黑，平时也手脚不干净，经常顺走一些店里的东西。李佳航发现了这些事情，坦白地和这位新员工说明。

没想到新员工一下子跪在地上，对李佳航说：“老板，你原谅我这一回，我找工作不容易，家里还有重病的孩子。”李佳航一时心软，给了新员工一次机会。让他没想到的是，仅仅过了两个星期，这个新员工就在一个晚上悄悄把他的仓库里的批发货全都偷走了，一时间李佳航很为自己的仁慈感到不值。

善良不代表什么忙都要帮，别人让你帮忙，你可以回绝，不要担心被别人讨厌，被人指责，与其委屈地自己在原地打

转，不如直接拒绝，要明白，既然内心不愿意，就不要做出强迫自己意愿的行动。

善良不等于不保护自己，善良的同时，也要爱自己，受到别人的中伤，要第一时间反击回去，当你做出这样的行动时，才能在人们面前建立起你很不好惹的姿态。这样不仅能屏蔽掉一些打着求帮忙幌子占便宜的人，还能给未来的自己增添一层保护壳。

善良不等于毫无目的地帮忙，不是什么人都要帮一下，做任何事情之前，我们都需要做好功课，想清楚这个忙到底值不值得帮，是否需要帮。

不要做出多余的举动，结果对方根本不领情面。善良是一种美好的品质，它不能被人们利用，做一个有底线的人，守住这份底线，露出一点锋芒。

早上七点的公交车上，车里人挤着人，到了一站，就有七八个人挤进车内，车内空间狭小，行动不是很方便，一位女孩子不小心踩到坐在座位上的大妈的脚上。大妈立刻就炸了，开始骂起来："你没长眼睛吗？看不见我的脚？"此时车内一片安静，有不少人回头寻找声音来源，打算看个热闹。当大家发现不小心踩人的是个小姑娘，有些人便转开了头，继续玩自己的手机。

小姑娘立刻道歉，结果大妈一句话还不够，得理不饶人起来："看你一个姑娘挤来挤去，脚可真长。"没想到这位姑娘没有忍气吞声，立刻反驳回去："车上这么挤，难免会踩到碰倒，您要是讲点道理，就闭嘴吧！我已经道歉了。"结果，那位大妈受到反驳后，立刻就不出声了。

善良的分寸和底线是原则，千万不要把善良弄错位置引发悲剧。就像杭州保姆纵火案中，死者生前对保姆的纵容，导致对方的肆无忌惮。就像那些即使身体不舒服，还会给仗着年老想要位置的人让位，而只会得到一句："这是你应该的。"好心捐钱，却被人们批评捐得少。

好心指导别人，却被认为趾高气扬。这样的善良不要也罢，与其唯唯诺诺、小心翼翼地守护这份善良，而得不到应有的尊重，还不如选择拒绝，屏蔽掉一些不必要的关心、照顾。

不要滥用善良，有些人不会感激你的善良，这些善良到最后会成为别人利用的工具。请不要相信那些只要你善良就能得到回报的话，年岁越大，经历的事情越多，就越能够知道游走在人际交往中，必须修炼出一点锋芒才能更加从容。

最后，愿你的好都能够被别人认识到，愿你在复杂的事情上面都看得清楚，愿你在人际交往中能够分清诚实的人和狡诈的人。

你可以敏感，但是也别太矫情，你可以神经粗糙，但是也别太神经大条。不是所有的事情都值得你去烦恼，值得你用善良去感化。把握好心中的尺度，保持一种理性的心态看人看事。

10. 我行我素一点也没什么不好

人有时候，我行我素一点也没什么不好。为什么每天要把自己禁锢在规矩中？为什么要把外界的枷锁全部捆绑在自己身上？有时候守规矩并不一定让所有人满意，更不会让自己好过。加缪说过："一切特立独行的人格都意味着强大。"

太在意世人有什么样的想法，自己的想法就会被抹杀。太在意世人的言论，自己就不知道应该怎么遵循自己来行动。太在意世人的油腔滑调，自己说话也变得不再真诚。在意外界太久，时间总感觉像是在虚度，导致生活没有方向和意义。

古代一位画家画了一幅画，打算效仿《吕氏春秋》一字千金的方式宣传自己的画作。他来到一处街市，把自己的画摆放到显眼位置，在旁边白板上写着：每一位欣赏画作的朋友都可以修改这幅画，认为哪处不好，就在那一处画一个圈。

路过的人很捧场，纷纷拿起笔改起来，一时间画中布满修改痕迹。画家很生气，很沮丧。他决定重新画一幅相同的画，在另一处街市上展览，让围观群众在画上圈出认为画得好的地方，结果这幅画被填满了夸赞标记。画家顿时恍然大悟："原来世人的标准不过如此。"从此以后，他再也没有过分在意别人对自己画作的评价。

"我行我素"不是将所有规矩置之度外，而是多一点特立独行，少一点瞻前顾后；多一点勇气，少一点畏首畏尾。有时候阻碍自己的不是路上的障碍，而是没有想要冲破障碍的心。想要我行我素就要做到少些顾虑，有想法就要立马去做。

"近代化学之父"道尔顿天生色盲，有一次他打算给母亲买一双蓝色的袜子，结果买回来给母亲，母亲说："这是一双七彩的袜子。"因为他是色盲，家人很为他担心。同学发现这个秘密后，都嘲笑他是个傻子，更过分的是，还给他起了"绿眼猴"这个外号。道尔顿非但没有因为自己的缺陷自卑，反而开始思考："为什么我看见的颜色与别人看见的不一样？"

他不在意同学的嘲笑，一心研究这个问题。终于，在他努力研究下，他发现了有些人会隔代遗传色盲症这一现象。他提交了一份关于色盲的论文，引起学术界轰动，成为首位发现色盲症的科学家。同时他也在原子量、气象学、物理学上有着突出成就。

自我治愈就是一条独自行走的道路，人生难免存在独自一人奋斗的时候，我们要坦然接受它，享受一个人做决定的乐趣。这时候你会发现，曾经听从别人指导而做的决定，很多都不在自己意愿之内，逃避一些挫折，会导致自己经历上的空白，一旦再经历些挫折，便很难突破困难，心态很容易被击垮。

过于顺从大众呼声，就缺少自我思考的时间，大脑变得越来越格式化。过于顺从家人的安排，心态也会变得麻木，慢慢感受不到生活新鲜刺激的惊喜。百依百顺是一种过度保护，一种潜移默化的伤害。你曾被保护而不去经历事情，在未来一定会如数还给你，不要存在侥幸心理。与其委屈在别人的管教当中，还不如我行我素一点好。

多任性一点，凭借自己的能力多走一些自己的路，让心态更加强大。独自闯荡的人反而更加有责任心，更能够体会别人的难处，更加有耐心，有韧性，有一种不断挑战挫折的心态。

“我行我素”的态度也是要适度去表现。适度的态度更能体现一个人的个性，特立独行的人往往拥有超出常人的想法，拥有一个有趣的灵魂。至少我行我素的人会减少受别人摆布和欺凌的机会，这种人往往更加自信，不会蹑手蹑脚、唯唯诺诺。

写出“世界那么大，我想去看看”这封辞职信的心理老师顾少强，因为想要改变自己的生活方式，毅然决然地辞职。

她说："其实辞职不是因为勇气，而是对自由生活的渴望和底气。"和这位老师类似的人还有村上春树，他的父母都是日语老师，家里希望他能够做教师，但是他偏偏不喜欢这份职业，于是他毕业后，甚至连一个公司都没进，而是和妻子开了一家咖啡店。村上春树说："人生只有一次，我要随心所欲，我行我素，做自己想做的事。"他做到了，也很成功。

正如有过这些经历的人所说，这样的生活才是真正地为自己而活，才是真正尊重自己的内心，成为自己内心的强者。

第七章

强化心理韧性，你的委屈终成治愈

1. 别怕受委屈，受得了委屈的心会更强大

人生难免会出现委屈，心理承受能力不好的人会产生很多负面情绪，变得悲观、抑郁。我们应该多接触外界的险恶，多经历几次委屈，强化心灵韧性，学会自我治愈，学会用乐观、豁达的态度看待问题，不畏惧外界的流言和排挤，让经历过委屈的心灵更加强大。坚强是被委屈撑大的，多一点坚强，少一点脾气是很好的心灵塑造方式。

创立3W咖啡的许单单，创业道路异常艰难，受了不少委屈。其中最大打击就是被别人质疑他造假。许单单本科就读于北京化工大学，研究生就读于北京大学。毕业后五年里跳槽了三次，从年薪十万的互联网职员成为年薪百万的互联网分析师，但是他毫不满足，随后又辞职创立3W咖啡。

而人们的质疑总是围绕在这几个励志人生经历上面，甚至在网上流传出了一篇称许单单造假的文章，里面提到许单单初次创业开蛋糕公司就在北大，简直闻所未闻；怀疑他接连换公司，根本不是离职，而是被开除；作为年薪百万的互联网分析师，自身的能力很一般；创立3W咖啡时期邀请的一

批企业家、投资家，看起来不像真的。

面对这些质疑，许单单没有灰心，而是乐观地安慰自己：别人黑我，也不能怪别人，主要是自己太嘚瑟。他很认真地反省自己，这几年里表现得太过于想要证明自己，给人的感觉很不舒服。于是他决定少说话多做事，他推掉很多访谈类节目，减少在公众社交平台上发表言论的次数，一心就在创业上。

许单单还创立了拉勾网，成立第二年就获得融资，现在拉勾网也被很多人熟知。

被自己好兄弟、好朋友、最亲密的爱人祸害是最残忍的事情，心理承受的打击比起被陌生人伤害的打击还要大。但越是巨大的打击，越是心怀仇恨和不可置信，就越需要广阔的心胸，需要坚韧的心承载。最后，在能力变得够强大时，回击那些让自己受委屈的事情。

每一位佼佼者都有着宽广无边的胸襟，承装着委屈。强大的人与弱小的人不同之处就在于，他们能够自我排解委屈，掩藏委屈，成为行动上的强者。

美国脱口秀女王奥普拉成长的环境不算温馨，甚至有些凄惨，她的父母未婚先孕，生下奥普拉，她的母亲把她生下来就安置在外婆家，六岁才接到身边来。虽然被接到母亲身边，但是她的母亲从来不管教她，生活环境也是无比恶劣。九岁，遭到表兄性侵。不学习，逃课，打架，甚至差点去少管所。直到她十四岁，她又被送到父亲身边抚养。父亲听闻奥普拉前十几年的生活，很心疼。于是带她去上学、补习，奥普拉的性格慢慢变好。

十七岁那年，奥普拉受到父亲鼓励参加黑人小姐大赛，最后成功入选，进入到电视圈。十年磨一剑，在电视台的漫长工作中，奥普拉终于得到机会，她被吩咐接替一档收视率很低的节目主持。没想到凭借她多年的经验，她很快就让这档节目的收视率提高不少，成为令许多人熟知的脱口秀节目。

经历了一场又一场委屈，我们才知道安逸的生活是多么令人艳羡。委屈不是让人颓废，反而是让我们快速成长。不管是舆论的打压，还是被亲人误解。这些委屈都会成为你的垫脚石，势必让你更加坚定。

曾国藩有一句话是这么说的："受不得屈，成不得事。"凡是能成大事的人，首先要受点委屈。韩信受胯下之辱，曼德拉有牢狱之灾。纪伯伦说："一个伟大的人有两颗心，一颗心流血，一颗心宽容。"毫无疑问，流血的那颗心在强大过后就会变成宽容的那颗心，学着坚韧，有容乃大，用坚定的意志和气概扭转心态。

我们更加需要注意的是，在受伤后，不要经常和别人分享你的难过，越分享你就会越悲痛，每分享一次，都像又揭开一次伤疤，这会变得很难愈合。

我们应该做的就是在复杂的生活中简单面对世界，淡然面对生活点滴，不做虚伪的人，不戴着面具，不随意张扬。即使受到屈辱，也要有平淡处之的心态，做最真实的自己，做最荣耀的自己，不再委屈自己，吃多余的苦头。

2.“流言蜚语”伤不了“行得正”的人

很多成功的人会因为几句流言蜚语而被否定十几年的努力，甚至有很多脆弱的人会因为这些平白无故的指点暗自流泪。但是，有句话说得好：“谣言止于智者。”我们行得正，坐得端，何必为这些流言蜚语伤心？这些言论只是为了败坏我们名声，不要和这群造谣者一般见识。一笑置之，不做无谓的争论，拥有一颗强大的心，我们没做坏事，就无愧于心，时间会证明我们的清白。

王潇艺打开手机，短信的提醒声便响了起来。这几天，王潇艺经常收到几十条谩骂的信息。原来在几天前，王潇艺被莫名其妙地传出这样的绯闻，有人说她偷了罗伊的策划方案，自己用，才有现在的项目成就。

而有人问罗伊是否有此事，罗伊竟然回应：“确实如此。”王潇艺百口莫辩，只因为当时是罗伊帮忙看策划，所以他手里也有一份自己辛苦做出来的策划书。很多人都对王潇艺不满，认为她爱出风头，不懂得谦让。这事一出，所有人都信了。事情越闹越大，公司决定辞退王潇艺。

被人暗中阴损，王潇艺猝不及防地从高处摔了下来。但是她没哭没闹，很平静地告诉大家她没有偷窃。最后她决定离职，换了一家公司从头来过。此后，王潇艺一心只扎在工作当中，人谦逊低调了。很快就得到了新公司的重用，而罗伊在原来公司一直不温不火，同事们又开始相信王潇艺没剽窃。

流言蜚语都有着各种各样的原因，因为仇恨、嫉妒、自我炫耀，甚至还有为金钱的。制造流言蜚语的人心里总会怀着一股恶意，不管是什么恶意，我们都要用最坚韧的心态面对，用自己的实力让世人看清真相，让谎言不攻自破。

越成功，越容易遭受诽谤，嫉妒使人心胸狭窄，变得爱使绊子、挖陷阱，把卑劣的手段往别人身上用，这种行为是数不胜数。古人说过："行高之人，众必非之。"

联想集团创始人柳传志曾深陷"5G 投票门"风波。一桩两年前的技术投票被有心人翻出来炒作，这件事情不断发酵，事情愈演愈烈，许多主流媒体也被蒙骗，认为这是真事。

柳传志不得不发出一封内部信，澄清自己。后来他又理性地分析出来一些自身的问题，他说："联想集团手机业务做得确实不好，应该认真检讨，但和动机无关，有人是想把脏水泼到联想头上。”

随后，十几位企业家表态力挺。行业内人士指出，这次事件人为操作的可能性很大，是一次精心准备的舆论攻击，用虚假的专业人士讲解事情脉络，用一些激昂的话语欺骗大众群体，在短短半天时间里，话题就成为了热点之一。由于联想及时澄清，谣言也就不攻自破。

其实，每个人都不是网络谣言的最后一个受害者，每个成功者的诽谤、公众舆论背后，都有着流量和利益在操纵。这些流言蜚语扩散越来越广，对企业、社会或是个人伤害也越来越大。面对如此大的伤害，保证好心态是这些遭受舆论暴力的人需要的。

面对流言蜚语，我们也可以主动出击，打破传闻。首先，当我们知道造谣者是谁时，我们可以通过正确的沟通，从谣言源头下手破除谣言。误会常常会产生谣言，要想尽快化解误会，切不可与散播谣言者互相谩骂，进入无休止的互喷中。选择恰当的沟通方式最关键，我们最好采用一对一的沟通方式。避免一对多的沟通方式，因为这容易让散播谣言者在众人面前失去尊严，进而起到反作用。

其次，做自己，用实力证明自己。我们要在心里安慰自己，有谣言说明有人认为我们很优秀，是遭人嫉妒。这样反而给自己更多动力，当我们越来越优秀时，身边的嫉妒就会变成敬仰或无力感。当大部分人都认可我们的实力时，这些谣言就不攻自破，没有人会相信。

最后，面对荒诞的谣言时，要及时澄清，尽快打破怀疑。有些谣言大家都不太信，只要主人公澄清，这些谣言便显得不堪一击。其实，谣言只是人们的一种八卦心理，很多人听过谣言后转身就会忘记。被传谣言的人要放稳心态，清者自清。

3. 让委屈成为激励，收获让人惊艳的蜕变

人生本没有绝对的公平，无端委屈、被迫压制、优秀的人得不到奖励，这些不顺都不是我们抱怨的资本，我们弱小，但我们可以反抗，只要我们的内心足够强大，就能够承受住这些委屈，快速改变自己，提高生活质量。

《亲爱的回家》中程桦的生活非常的艰难，在前几十年里，她蒙冤入狱、丈夫背叛，家庭支离破碎，生活中更是惨遭欺压。程桦有一家自己的时装精品店，因海关走私罪被关进监狱半年。她的丈夫邵军怕家中的财产被法院充公，于是和程桦商议暂时离婚，邵军保证等她出狱后会再娶她。结果当程桦出狱后，看见的不是自己的婚礼，而是邵军和富家女的婚礼现场。

邵军心机算尽，为了保住财产，好掌握现在的企业，设计车祸，自己假装失忆。程桦总算从失败的婚姻中清醒过来。她放弃了追寻前夫的脚步，开始寻找自己的事业。事业的进展很艰难，每当她想放弃的时候，她都会想想曾经的生活，“我不能再回到从前。”便又有了动力。最终，她成为了一名时尚的白领女性，脱胎换骨，开起了自己崭新的人生。

拥有强大内心的人都是熬出来的，其他人承受不了的委屈，我们来承受，其他人需要鼓励，我们不需要，其他人用消极指责来发泄，而我们用宽容的内心来包容。学会自我解脱，自我治愈。别担心受委屈，这是我们成长的必经之路。它能让我们意志更加坚强，就像美人鱼要经历刀割地疼痛，才能有双腿。不受点委屈，哪能有这些惊艳的蜕变？

商场促销活动，王晓文临时被公司推到线下做促销工作，一整天下来，嗓子都喊哑了，脚也肿了，一身疲惫地回家。到发工资那天，公司没有因为王晓文卖力工作而多发工资，反而很平均地给每一个人都发了奖金。

王晓文心里很不舒服，想着：凭什么我没有多一点奖金呢？明明活儿全都给我做了。但是她也没有说出来，反而更加卖力地工作着。直到有一次，组长请假了，把任务转给她做。她高效地完成任务，受到了领导关注，因此升职。

委屈时常出现，我们需要承受住这些委屈，并且把它们铭记在心，把这些变成动力。在生活中我们要承受住不被理解的委屈。当我们说出的一句话得不到任何人认可，当我们做出一件事遭到别人打压、排斥，有人持反对意见，有人大声反驳，不要因为这些回应而认为自己是愚蠢的。要知道我们永远无法控制别人的想法，如果再有别人反驳你，不理解你，不要再委屈，而是要把自己想要做的事情做到最好。或者寻找那些和自己有相同爱好的人，寻找鼓励。

在生活或者工作上遭遇到不公正对待，不要因为这一点委屈而颓废。世界本来就不是公平的，我们觉得不公平，说明我们真的在付出，只是没有得到预想中的回报。有时候我们认为明明本该是自己获得的东西，却给了别人。有人因此放弃自己的奋斗目标，无疑是愚蠢的行为。NBA 达拉斯小牛队老板马克·库班在创业之前只是一个小酒保，还曾做过推销员。J·K·罗琳在出名之前，在大赦国际伦敦办公室做秘书，还曾被解雇过。虽然他们曾经也受过委屈，但是心中想要的那份梦想是挫折拿不走的。当我们还不够强大，就先接受这些不公平的事实，先走好自己的路。

稳固自己前进的动力，接受各种不公平，让自己能力越来越强大，在未来受到的不公就会越来越少。记住这个道理，人生的路就会更宽广。强者会把世态炎凉当做玩笑，弱者才会在意。能够治愈自己心灵的人只有我们自己，别人只能帮到表面，接下来要走的路要自己走。

4. 不幸是种考验，别在考验中失败

稻盛和夫说："遭遇失败和苦难的时候，不应牢骚满腹，不要怨天尤人，而是要忍受考验，坚持努力，将逆境转化为顺境。"不幸运不是一直都在，我们在失意时不要消沉，每天勤勤恳恳地努力，其实比什么都重要。

1944 年，任正非出生在贵州安顺的小村庄里，家境极度贫困，而且家中有七个兄妹。他毕业后有一份很好的工作，但是在他四十三岁时，突然想要创业。后来，他被骗了二百万，又被国企开除职位。最惨的还没有停止，他家庭破裂，选择离婚，这个年纪却和父母一同住在窝棚里。

最终，他没有放弃创业这个事情，经过多年努力，成功地成立华为。任正非因发放一百二十五亿年终奖备受关注，他平时却很低调，很少接受电视台采访，会自己拖着行李箱，抱着书在世界各地的机场出没。

人生不是一帆风顺的，会接连遭遇厄运。世事无常，这是一种考验，我们用不同的心态面对，自然会有不同的结果。要想跨过不幸的洗礼，就要谦虚和踏实努力。

不幸只是一种结果，态度才是决定接下来行动的关键。不幸是生活常态，别被它们打败了。用好的态度迎接这些不幸，未来某一天，一定会被幸运眷顾。在遭遇灾难、厄运和困苦的时候，不因无力抵挡这些而变得愤世嫉俗、暴躁、唉

声叹气，发出不公平的悲鸣。这只会让我们的心态变得越来越压抑。人生只有一次，拥抱和珍惜它吧，认真做出一件值得做的事情，不要到头来毫无收获。

即使遭遇灾难、厄运和困苦，也要努力承受，保持坚韧的心态，全力以赴，奋战前行。不断挣脱这些困境，即便再遭遇一次不幸考验，也不想永远在这些不幸中失败。现在受苦没关系，未来某一天一定能把好运气重新拾起来。

人生就是在不幸的惊涛骇浪中不断前进，无论遭遇哪种困境，哪些不幸的考验，我们都要用谦卑、乐观的心态面对以后的路。

曾佳琪曾经壮志凌云，把自己的漫画投到多家杂志社，但是接到的是一封又一封退稿信。原本以为自己很不错，一时间被这些拒绝打击到。自己的能力受到质疑，她走在路上都会认为有人在嘲笑自己不自量力。“这种感觉真是糟透了。”曾佳琪心想着。

当时又恰逢她和男朋友吵架，一个人走在路上不想回家。没有人倾诉，就一直把心事憋在心里。曾佳琪走到一家小吃摊，看着熙熙攘攘的人，点了一些烧烤，正要坐下吃饭，就看见一瓶饮料上面的标识语：“别想那么多，一切都会过去的。”吃饱喝足后，曾佳琪赶回家中。

“是啊，一切都会过去的。”曾佳琪不断重复着这句话，回到家后拿出画笔继续画起漫画。终于，几年后，曾佳琪的漫画在网站上连载，从开始的几个点击率到现在的几百万点击率，也有越来越多的出版社出版她的书籍，曾经暗淡无光的日子终于熬过去了。

不幸就像感冒一样，令人难受不已，又会反复发作。它们来得猝不及防，但只要我们有足够强大的内心，对症下药，就很容易度过这段时光。

那些曾经以为会打败我们的人，曾经以为能把我们摧毁的刑具，都不过是虚妄之物。不要把不幸运看得那么恐怖，我们要暗示自己，没有那么糟糕。

这时候，我们就又有了行动的动力，在不幸中重拾自己的生活。走进阳光之中，说不定有很多机会等着我们。

5. 内心强大的敌人是“假自我”

“假自我”是一个人不按照本来的样子发展，而是花更多时间按照外界的评判和父母的期望做事情，构建出一个虚假的自我。“假自我”的人内心是懦弱的，他们连做自己都不敢，甚至在逃避、胆怯。“假自我”是拥有一颗强大内心的敌人。

邓肯是美国著名舞蹈家，她在六岁的时候就能教自己朋友跳舞，在以后的舞蹈练习中，她开始讨厌僵化、刻板的古典芭蕾舞动作，她欣赏在舞蹈中展现自然节奏、律动的动作。她认为自己不应该为柴米油盐而去跳商业化的舞蹈，自此，她更加专注于表演和诠释音乐家们的作品。

二十一岁的时候，邓肯不得不去英国谋生，在英国的不列颠博物馆中，她发现了古希腊艺术的美，她从这些雕塑和油画中感受到自己理想的表现方式。就是穿着长衫，光脚，肢体像海浪在翻滚或是树枝在摇摆。

从古典音乐中发现灵感，追求用肢体语言表达神圣的人类精神世界，邓肯又认为技巧会玷污人体美感，动作来源于自我感受，她的舞蹈大多是在表现生命，这些自我感知舞蹈动作，让英国观众耳目一新。随即，邓肯又在欧洲多个国家巡演，受到欧洲舞台剧迷们的喜爱。

“真自我”的人是具有价值感的人，他们敢爱，并且拥有强烈归属感，生活井然有序。“假自我”的人没有自我价值感，总是疑惑自己是否能做好，甚至为一件事情愁上很久。二者之间的区别就是：是否相信自己有价值感。

内心强大的人相信自己被爱着，能完成某些事，内心有归属感，而“假自我”的人正好相反。“假自我”的人想要拥有“真自我”那样的心态，首先就要勇敢地面对自己的一切。勇敢就是善于表达，能够在任何场合流畅地向别人介绍自己，能够在众人中展示自己的全部，包括自己的不完美。展现出一个坦诚的自己，有同情心，有包容心。善待自己，把自己放开，抛弃空想，换取真实的自我。

其次，承认自己是软弱的人。柔软的东西会让人变得舒服，让人变得温柔，会第一时间向爱的人表达自己意善的。

“假自我”的人要停止拒绝和嫌弃自己的软弱，这是生活给予我们的恩赐。很多时候，直面软弱，就能知道为什么会对这件事情产生恐惧和反感了。逃避脆弱不是办法，逃避的行为只会让生活更加颓废。

当我们把因懦弱而逃避、愤怒、争吵、追求完美的一面抛弃掉，就会重新正视自己的内心。直视脆弱的一面，带着一份感恩，一份全心全意爱自己的心，保持着快乐。在消极时，不要总想着糟糕的事情。享受脆弱，直面懦弱的人内心更加强大。停止被别人摆弄，选择做自己，承认自己身上的每处缺陷。

6. 可以像“沙漠玫瑰”一样生存

生活像一段长长的马拉松，到达终点需要坚韧执念支撑，看似一路与别人较劲，实际是自己不放过自己。面对生活路上的未知和变数，我们做不到未卜先知，却不向苦难投降，我们看到过太多人放弃后退，坚持到最后才是人生赢家。

生活绝非易事，跻身于困境中，我们要保持沙漠玫瑰的坚韧姿态，问心无愧，至死方休。

影片《沙漠之花》改编自超级名模华莉丝·迪里的回忆录《沙漠之花》。

出生于索马里沙漠的华莉丝四岁被父亲的朋友奸淫，五岁时被迫接受女性割礼，十二岁时父亲把她嫁给一个六十岁老叟换来五头骆驼，她赤脚逃婚险些被沙漠中的狮子吃掉，凭借着坚韧顽强的精神从沙漠死里逃生，艰难跋涉求生在她身上留下不可磨灭的伤痕，以至于吓坏了后来一同登台的模特。在外祖母帮助下，华莉丝获得了去大使馆做女佣的机会，刚到英国不久，索马里旧政府被推翻，华莉丝流浪英国街头，认识了收留自己的玛丽莲，后在打工的餐厅里遇到著名摄影师唐纳森，被发掘成为世界名模。

成名后，她没有沉醉于富足的生活，为拯救千千万万同自己一样痛苦的女孩，她放弃了自己的事业，投身于反割礼运动，成立多个慈善团体，担任联合国反割礼大使，从此为妇女解放事业而奋斗。

华莉丝能走出令人心痛的境地靠的不仅是运气，更是对命运不妥协的坚韧，她没有因为成长带来的心理阴影而意志消沉，反而在苦难中绽放出属于自己的沙漠之花，那种面对苦难的勇气和执着令人震撼。

英国著名哲学家罗素说过：“伟大的事业是根源于坚韧不

拔地工作，以全副的精神去从事，不避艰苦。”真知来源于迎难而上、坚忍不拔的精神，这正是探索生命意义的关键。

影片《我的左脚》讲述的是全身瘫痪的克里斯蒂依靠唯一可以活动的左脚，在自己不懈努力下成为画家和诗人的故事。

克里斯蒂·布朗生在一个非常贫穷的家庭里，他有九个兄弟姐妹，母亲勤劳能干，操持着家庭，父亲是一个脾气暴躁的酒鬼。克里斯蒂患有先天性的大脑麻痹症，他几乎全身瘫痪，甚至不能说话，脸部因痉挛变得扭曲，无法和正常人一样用肢体或语言进行交流，灵活的左脚是他唯一的行动依靠。父母没有因为他天生缺陷而放弃，仍然坚持把他养大成人，兄弟姐妹关爱鼓励他。他从小就展示出非凡的画画天赋，作品常常获奖。

十九岁时，经过医生治疗，他恢复了语言功能，并且爱上一个叫艾琳的女孩，不久女孩结婚，他深受打击，在家人鼓励、帮助下走出感情逆境。他依靠着左脚给邻居女儿画画表达爱意，跟兄弟一起踢球，姐姐被训斥时出来解围。因为他幽默和自信，玛丽许以芳心。他能自己翻书，自己打理生活，爱上画画并为之付出艰辛努力，最终成为著名的艺术家。

有很多患有先天性疾病或后天不幸遭遇造成身体缺陷的弱势人群，他们没有选择向命运低头、任命运摆布，而是不断提升自己，在一次次尝试和努力中克服自身缺陷带来的不便，永远不放弃对生命的渴求，如同克里斯蒂那样，身体的缺陷带不走思想的光辉。

我们曾在漆黑的夜里跌跌撞撞地摸索，内心充斥的烦闷和痛苦一度让我们想放弃。如果清醒地认识到自己处于放弃边缘，那一定是到达了痛苦极值，放弃简单，而甘心太难。

“现在很痛苦，怎么办？我要怎么做才可以脱离苦难？”没必要将心思浪费在这种无聊的问题上，困境不会因为你哀求它而手下留情。

改变心态，光明世界源于充满正能量的心。明白生活不易，解决苦难恰恰是生活意义所在，迎难而上，百战不屈是最好的解决办法。如此，痛苦将被内心的力量消磨，如同光明吞噬黑暗。

7. 把自己当成面粉不断地“揉”

经不起生活打磨的人生就像一摊干燥且没有沾水的面粉那般，用手捧不住，留不下，它会跟随着不知何时吹来的狂风而去，得到那尘归尘、土归土的下场，再无化身美食之日。倘若给面粉以水的滋润，加之以力道的“蹂躏”，生拉硬拽皆可，其便可以化形而成，登入美食的殿堂。

相比于那一摊“散沙”般的面粉，我们还真需要成为一团加水的面粉，想揉就揉。做到“任他肆意地‘蹂躏’，揉不断我的筋骨，揉不灭我的焰心，生活所给我们的种种只能让我们更加有韧性。”

霍金十七岁时进入牛津大学，和许多同龄青年人一样，他喝酒、逃课、迷茫、参加俱乐部，不是一个用功的好学生。在他大学的最后一年，他无意中发现自己动作越发不灵活，简单的下楼梯都会因为腿部突生的无力感而摔下楼梯，有一次差点摔得失去记忆。经过医生诊断，霍金不幸患有“卢伽雷氏症”，医生告诉他这是一种“运动神经细胞病”，患者存活率很低，他最多只剩下两年的时光。

霍金躺在病床上思索着，自己二十一岁就已身患绝症，所剩时光寥寥无几，与其悄无声息地死去，不如趁生命尚在，去为这个世界做些什么。身体随时间变得虚弱不堪，坚强的意志指引他尽全力做一个“健全”的人，哪怕只剩下三根手指可以活动。在与疾病对抗的同时，他开始步入科学研究的大门，证明了“广义相对论的奇性定理”和“黑洞的面积定理”，自己提出“黑洞蒸发理论”和“霍金宇宙模型”，完成一系列科学壮举，1979 年到 2009 年期间担任“卢卡斯数学教授”，提出许多有建设性的建议预言。

生活中我们合理地发泄情绪是可以的，但是请拿出我们本身的韧劲来，去面对生活中的种种不快。生活用力在你身上打出一个坑，我们“面粉团子”怎么能服输？我们既然无法反抗生活的力量，那不如多拿出一点韧性来，就借着生活的力量更好地完善自己的形状。

当生活用力揉你这团面粉的时候，你可以坚持自己的韧性，那假如生活狡猾了呢？他开始轻揉你，亲吻你，他所做的这一切不过是为了让你放松警惕，然后给你致命一击，你是不是中招了，以为自己陷入了生活的爱情里？当你放松警惕的时候，生活的刀子已经开始出鞘了。

大明王朝开国皇帝朱元璋出身贫寒，从小父母双亡，迫于生计入皇觉寺还愿为僧。恰逢连年天灾人祸，寺庙香火不济，不能维持，因之遣散众僧。为谋生计，他四处云游讲经，乞讨度日，流浪数年，学会如何面对大千世界，如何在逆境中求生而上，饱受风霜，深知世态炎凉，人民处于水深火热之中。

朱元璋举义兵，有勇有谋，忠义过人，却遭小人频频陷害，后终成义军骨干领袖，破南京，下徽州，定计策："高筑墙，广积粮，缓称王"。他深知百姓苦，遂强生产，兴水利。百姓减负，无不欢喜拥护。而后他南征北战，终定社稷。

"木秀于林，风必摧之"，懂得默默积攒力量比早出风头要稳。经受种种磨难，明生活之理，懂韬光养晦之略。受磨难时"昏昏欲睡"，得势忘乎所以者，事皆不能成。秦始皇一统天下，自立始皇帝，名噪一时而不能善待其民，终被起义军推翻。这风光无限也是生活的一种"揉"，使你两眼昏花不知所以。要始终保持自己的生活韧性，等候生活来揉。能文能武，能屈能伸，是韧性大道理，懂此方不被生活"揉"碎。

《孟子》有云："天将降大任于斯人，必先苦其心志，劳其筋骨，饿其体肤，空乏其身，行拂乱其所为，所以动心忍性，增益其所不能。"其意思很简单，上天若让你成事，必先要你受种种苦难。这就体现出韧性的重要性，像面粉一样，被周遭所"揉"，坚持住，不能被"揉"碎。古诗《上堂开示颂》中又有"不经一番彻骨寒，怎得梅花扑鼻香"，告知我们韧性的重要性，如面粉，勇于被"揉"，"揉"出形来。

生活中处处面临"揉"这种事儿，当生活"硬揉"时要坚持，可以顺从、改变，但决不能丢掉韧性，逃避放弃；当生活"温柔"时也要坚持，前方路途漫漫，绝不可迷失自己的本心。像面粉一样，保持那股子韧性，经得住软硬兼施，你打我，我变得优秀；你诱惑我，我变得优秀。

8. 要让自己配得上所吃过的苦

陀思妥耶夫斯基说："我只害怕一样——那就是配不上我所受的痛苦。"

"人生苦难重重。"这是斯科特·派克《少有人走的路》中的第一句话，他将其视为"世界上最伟大的真理之一"。很多人被生活的苦难击倒就因为拒绝承认苦难是人生的真相。

痛苦往往猝不及防地造访，如果在痛苦迷茫中放弃自己，怎么配得上吃过的苦？我们需要做的事情是找到痛苦所带来的生活意义，进而提升自己的生活品质和精神境界。痛苦本身只是一种精神体验，不存在实质性意义，救赎自己的方法就是看清痛苦。

美国心理学家杰米·彭尼贝克曾经设计了这样一个实验：他将足够多的空白纸张分发给两个实验组的成员，实验要求一组成员在白纸上尽可能详细地写出自己“一生最不愉快或伤痛的体验”，另一组成员在在纸上写出自己目前或过去面临过的生活挑战，比如房子和工作等事。前者写痛苦时的体验，后者写痛苦事件的经历，两组所有成员每次坚持连续写十五分钟，连写四天。

一年之后，杰米·彭尼贝克对实验组成员的医疗记录进行统计分析，结果显示：写自己痛苦体验的第一组成员在第二年去医院看病的次数减少了。杰米·彭尼贝克表示实验的重点不在于让实验者宣泄，而在于帮助他们找到痛苦存在的意义。

张德芬说：“接纳自己内在痛苦，才能够真切地去感受人生的甜。”单纯在痛苦中抑郁，不如找到痛苦所带来的价值和意义，明白积累失败经验才是走向成功的正确方法，将自己困在黑暗中便难以看到黎明，在痛苦中蜕变，那么痛苦就是最宝贵的惊醒方式。

弗兰克说过：“一个人若能接受命运及其所附加的一切痛

苦，并且肩负起自己的十字架，即使处在最恶劣的环境中，照样有充分的机会去加深他生命的意义，使生命保有坚忍、尊贵与无私的特质。”

当我们发现痛苦内在意义的时候，它就不再被称之为痛苦了，而是浴火重生。而想要浴火重生，关键在于带着对命运不屈的精神去体会痛苦的意义，感受造物主的伟大力量。

电影《骨瘦如柴》中，在艾伦还很小的时候，她的母亲“出柜”，父母离婚后，由于不完整的家庭环境，艾伦不自觉中患上厌食症，厌食成为她缓解精神压力的一种方式。而艾伦的母亲一心扑在自己“女朋友”身上，将艾伦送回到父亲身边，父亲和继母没有足够的耐心和时间关爱她，这让艾伦的厌食症更加严重。她吃饭嚼几口就吐出来，却对食物卡路里烂熟于心，当手无法完全握住自己手臂时，她就会因为胖而感到焦虑，然后疯狂地做仰卧起坐。

艾伦的厌食症让整个家庭都无可奈何，之后她被家人送到威廉·贝克汉姆医生的康复中心进行治疗。通过帮助病人寻获生活的意义而战胜精神障碍一直是威廉医生的治疗理念，“我不救那些不想活了的人”，两人第一次见面，威廉医生就明确表明自己的态度。之后在威廉的帮助下，艾伦意识到自己不过是孤独享受着虚幻的安全感，刻意让自己遭受巨大痛苦，以及自己身体一天天地枯萎的事实，她重新找回精神状态，并渴望展开一段全新的生活。

生活中，许多不放在心上的小事都会因为你目前遭受到的打击而凝结爆发，于是我们手忙脚乱地拆东墙补西墙，将生活搅得一团糟，看似努力走出痛苦的背后是迷茫。

“原生家庭”这个词语已经成为我们很多人在生活、工作、学习中遭受不顺时的替罪羔羊，我们将痛苦怪罪于已经过去的、甚至自己都没有记忆的童年生活。一个人的成长环境确实决定这个人的性格，但是痛苦并不来源于过去，而是来源于我们不接受过去，不在过去发生的事情里成长。

面临痛苦的那一刻就注定了沉沦、成长两种结果，要么一蹶不振、郁郁终生，要么迎着痛苦主动出击。痛苦磨难是我们走向成熟、优秀必经的，它们是生活的真相，不是我们主观意愿可以抗拒的，不如改变我们面对痛苦的态度。

“生活以痛吻我，我却报之以歌”，人生路远，痛苦不可避免，唯愿一路的痛苦都可以化为我们今后的璀璨，愿我们都配得上那些吃过的苦。

9. 你远比想象中的自己更有韧性

你用一个月连续吃早饭打破坏习惯，半年内增加了与体重一样的阅读量，这周末的运动达到五公里，更可喜的是，你挣脱了二十多年赖床枷锁。人都在不经意间改变，有时候不逼着自己去努力一下，你永远不知道自己的极限在哪里。在一天天的安逸中堕落，你的自信被自卑掩埋。保持韧性奋斗进取的人能看到自己最美好的一面，可以越来越优秀，可以活得更真实。

“天生我材必有用”，这句话不是说说而已，我们每个人都有自己存在的价值和意义，目前没发现自己的价值，不要沉沦不醒，一旦封印解除，你会感谢当初苦了自己那么久。

曾有一位外国运动员路易斯在希腊的比赛中遭遇过这样的情况：对手是希腊本国人，这是对方的主场之战。战前，双方气势燃起，场边的观众们也都憋足劲儿要为希腊选手加油。背负着期望、关注以及现场观众的各种“问候刺激”，路易斯的心理渐渐有些崩溃。比赛一开场，希腊选手依仗着主场士气优势不停地近身攻击，路易斯双手护头，左右躲闪，完全失去了往日打比赛时的王者气概，畏首畏尾，几个回合下来，处处被动挨打。又是一记重拳打在自己脸上，路易斯“沉浸”在全场为对手加油的呐喊声中，不停地问自己怎么了。眼看着路易斯脚跟站立不稳要输掉比赛，教练在台边撕破喉咙朝着路易斯呼喊：“进攻啊！不能总是防守，这样下去不行！”教练心里最明白，路易斯的实力绝不只有这样，他只是心理压力太大了，被对方的气势镇住了。听到教练喊“进攻”的瞬间，继续防守动作的路易斯猛然醒过来，心中的自信如同泉水般开始涌现。出拳，上腿，再出拳。对手气势一下子被打压下去，路易斯心里更加笃定自己的实力。

生活中，很多人都有不自信的情况，在大众视野下有心理压抑，找不到存在价值，加之被别人残忍孤立，对自己的能力产生怀疑，错将自己全盘否定，进而形成一无是处的自卑心理。我们每个人来到世界上都是“特立独行”的，基因密码、指纹、思想，你是自己的“特产”。越是处于不利环境，越要自信地展示自己的优点，不必因为某些不利因素而耿耿于怀，要到更广阔的领域去寻找自信。

一旦认定目标，就只管风雨兼程。回头再望来时路，倒吸一口凉气，自己都吃惊，这路真的是自己走过来的吗？明明有好几次都差点放弃，最后竟完成了以往感觉不可能完成的事。

张靖是班里的学渣，于雪则是学霸，一对校园学霸学渣恋。横在张靖面前的现实问题不是“男追女隔座山”，而是“四百分”的差距。命运的改变就在某天于雪悄悄留给张靖的一张纸条里：考不到同一所大学，你就要失去我。

寥寥数语，参透结局。

张靖变了，放弃该放弃的，为了想得到的东西拼命努力。期间无数次坚持不下去，别人都在玩耍，他在苦苦钻研“天文地理、古今诗词”。高考后，在大家的震惊之中，二人终于走到一起，张靖既珍惜又后怕，只有他知道到底经历了什么。

谁都有坚持不下去的时候，软弱、退缩在身边打转，拼命地拉你下水。但愿你为了某一人、某一事而去奋斗，过后回头看，好像也没什么了不起的。身边的“潜力股”姑娘早已逆袭成白富美，蹲点卖早餐的小商贩已然从当初的入不敷出到赚得盆满钵满。那些勇于挑战命运困境，努力向前的人都从命运手里取走了宝物。

生活压力不可避免，请不要消沉，学会完善自己。贝多芬有一句名言：“我要紧紧地扼住命运的咽喉，它绝不能让我屈服。”每当听到贝多芬的《英雄交响曲》，心里总会翻滚起阵阵巨浪，失聪之人竟也能创造出如此美妙的音乐。贝多芬的一生充满坎坷，生活贫困、爱情消亡、重病缠身，他自信坚强，那是令死神都害怕的精神。

基于自己目前的处境而否定自己的人都是目光短浅的，为什么就在原地踏步呢？努力向前走去，你会变得自信、从容、坚强。你看，小蚂蚁又在搬运比自己大几倍的食物，真的没必要沮丧、落寞，冲破束缚后，前方就是一片光明。

第八章

远离受害者心态，走出心理的阴霾

1.“为什么是我？”，别紧抓住受害者人设

作家素黑说过：“受害者最大的伤口不是被伤害，而是不肯放下受害者的角色，宁愿浸淫在痛苦和自怜的心理惰性中，被负面思想侵占理智和心胸。”

小孩知道用哭这种行为来博取父母的“同情”，以获得自己想要的东西，人的天性就带着这种自我保护机制，我们经常会在某个选秀节目上看到选手哭诉着自己家庭条件如何如何差，诉说自己奋斗的艰难。其实每个人的成长历程里都会有这样的“受害者表演”。

受害者的心态往往衍生出抱怨，晴天，你抱怨天热，阴天，你抱怨天闷；给你自由时你会抱怨对方不爱你，紧盯着你时你又觉得自己被监视；找不到工作时抱怨公司只要高学历，找到工作时嫌弃工资低。作为受害者的你永远是对的、有理的，错的永远是别人、周遭环境。

雨泽刚进入大学参加社团活动的时候认识了女友，她是一个大三的学姐，女孩的妈妈去世比较早，在家就完全是一个小公主，凡事雨泽都得让着她。

不被人看好的姐弟恋就这么开始了，热恋时期，两个人天天有诉不尽的衷肠道不完的爱，转不完的校园拉不完的手。相处一段时间后，恋爱进入了稳定期，两个人的认知矛盾渐渐显露，以往约会的“早出晚归”变成现在的“隔三岔五”，两人也常常因为一点小事就吵架闹冷战。三观不合已经成了两个人矛盾的最尖锐处，雨泽外出兼职忘记回复女孩的问候消息就被认定为“不爱”，最终两个人不欢而散。分手后女孩也没闲着，为了挽回自己在班级的脸面，开始跟别人诉说雨泽是渣男，而自己是那个一往情深，为爱坚持付出的痴情人。

在爱情里很现实的一件事就是累了，不爱了，抑或是当时的人生之路比较寂寞，只是让你陪我走了一段路。记得有一句歌词，“爱情里并没有谁错谁对”，既然分手，那么两个人都是受害者，只是可惜了这份感情。原生家庭环境是真的会对一个人以后的性格产生影响，试问在一段感情里，从小被人宠爱的一方怎么会主动承担自己的感情失职呢？一定都是对方错，我才是无辜的。

人都有受害者心理，当遭遇到自己心中认为不公平的事件时便会想方设法给自己披上“受害者、无辜者”的外衣，希望通过这种办法来获得他人的同情，进而多得到那么一点点利益。

我国著名数学家华罗庚从小家境贫寒，初中毕业后因为家里没有钱为他交学费而被迫辍学。然而，对数学痴迷喜爱的华罗庚并没有放弃学习，他一边帮助父亲看铺子，一边自学数学，甚至多次将算出的结果当成了货物的价格。后来华罗庚不幸身染重病，待痊愈之后左腿留下残疾，而这时候的华罗庚只有十九岁。

面对命运的残酷判决，华罗庚没有自暴自弃，他越发坚强，用敏锐的思维来弥补自身残疾的缺陷。他开始在数学领域刻苦攻读，终于，他发表的一篇文章被数学教授熊庆来看到，熊庆来特招他进清华大学。他笨拙的外表被别人嘲笑，但是他从不多说话，只是默默地努力。依靠着自己出色的数学天赋和远超常人的努力，他仅仅用了两年就完成了别人需要八年才可以完成的课程，他还自学了几门外语。由于华罗庚出色的表现，他被清华大学保送至剑桥大学学习深造，最终成为一位伟大的数学家。

拥有自尊心的人遇到困难的时候有两种选择，一种是真正地去维护自己的自尊心，另一种是通过向别人展示自己的可怜求得他人的“认同”，让别人“不好意思”再揭露自己的伤疤。懦弱的人永远在掩饰真实的自己，不愿看到自己的缺点，不愿别人提起，自欺欺人地蒙蔽自己的眼睛，甚至哄骗自己，将别人的眼睛也蒙得严严实实，这样的人多么可悲。

受害者心态无非就是给予自己假正确、假正义、假无辜，以达到别人的假认同，这是失败者、弱者的表现，长期扮演“受害者”终究要被身边朋友唾弃。真正的强者会对自己负责，即使遭遇不幸，他也会努力让自己摆脱困境，虚假终究是虚假，唯有勇敢地战胜一切苦难才是实实在在的。

2. 跟命运较劲，会一点一点弄丢你的生活

谁都有过梦想，而在通往梦想的这条路上艰难险阻不计其数，虽说在路上遇到困难也要砥砺前行，可我们毕竟都是凡人，有时候面前摆着的“太行和王屋”实在移不动，可有人就愿意做“愚公”。执着于一个方向，并为之奋斗前行，头破血流也在所不惜，这些都没有错，可是成功不止一个方法，未必就要傻乎乎地去跟生活的苦难硬碰硬，有的时候给自己前进的道路设置一个“小拐弯”反而会收到事半功倍的效果。

如果你还在一件事情上久攻不下，甚至惨败而归，你坚持不懈的精神值得肯定，但不如暂时“休战”，花一点点时间来沉淀自己的思想，思考一下真的是难度太大，还是路从一开始就走错了？没有必要固执在“南墙”前，转个身，你会发现想要的原来就在身后。

有一个性格内向的男孩大学毕业后放弃了自己已经考上的教师编制，准备去做销售。他的这个决定遭到了家人的一致反对，原因是大家都觉得他的性格不适合做销售，而男孩给出的

理由是，正是这种内向保守的性格影响了自己的发展前景，他不想当一辈子教书先生，而销售这个行业正好适合锻炼自己的社交能力。于是他顶着家人的压力决定放手一试，只身来到大城市打拼，成功地进入了销售这一行。然而他在外出推广的时候根本说不出话来，甚至连上前跟陌生人打招呼的胆子都没有，实习的时候无时无刻不尴尬，后来好不容易能硬着头皮跟别人说话，又面临别人一次次的拒绝，本就敏感的他有点招架不住了。结果这个男孩还是回老家当老师去了，而当老师的第一学期他便带出了一个优秀班集体，自己也获得了嘉奖，极大地提升了他的工作自信和热情。

在追寻自我成长的道路上，能够面对困难毫不退缩并勇于挑战自己已经非常值得钦佩了，而面对生活给出的根本不可能完成的任务时，再如莽夫般去死磕就有点“不识时务”了，这个时候如果能够转换一种跨越困难的方式，绕过困难的阻隔，定能够省时省力地达到自己心中的目标。死抓着自己的弱点而丢弃自己的长处去战斗，以己之短，攻彼之长，这不是自讨没趣吗？

在生活中就是要学会松弛有度，在困境中要对自己的行为有一个清晰的认识，知道何时发力硬扛，何时利用巧劲，这才是真正的智慧。“撞南墙”行为断不可取，那条路走不通，你的头破血流已经证实了这一点，就不要再做无用功了，你心胸、气魄再大，一次次失败，也免不了深受打击。在努力都不可行的情况下，你需要让自己的头脑冷静一下，客观分析可行性，不一定要翻山，也可以绕山，像解一道数学题，方法不同，得到的结果却是一样的。

曾经有一个农民出身的年轻人，他从小就为自己将来能成为一名作家而努力奋斗，他坚持每天写作，修改，然后信心满满地将作品邮寄到报社，这一坚持就是十年。即便他如此努力，寄出去的稿子却如同石沉大海，连个水面涟漪都没有出现。他还是坚持写着，终于有一天，他收到了一封退稿信，信的大意是，很感激他的投稿，也肯定他这么多年来的努力，只是他实在不适合成为一个作家，反而这十年来，他写出来的钢笔字越来越漂亮，信中建议他可以尝试成为一个书法家。这封回信为年轻人指引了前进的方向，从此他不再写作，专门练习自己的钢笔字，终于取得了很大成功。这个年轻人就是著名的硬笔书法家张文举。

大家有时容易被自己的梦想冲昏头脑，心怀所想，一心向前，不曾认真思考当前的情况，常常遭遇失败，然后一蹶不振，抱怨命运的不公，殊不知你抱怨命运的同时，命运只能无辜地看着你用自己最不擅长的短处打败了自己。你一次次的失败就是命运给你的最好的警示，它让你换条路，你却坚持一条道走到黑。

当一件事情次次不成功的时候，这时候应立刻停下，分析局势，不可力敌，那便智取。做一个充满智慧的人，此路不通，绕道而行，方法不一，目的大同，在勇敢向前和以柔克刚两者之间灵活选择并加以运用，才可达到刚柔并济之境界，在以后的人生中百战百胜。

3. 事情本身不伤害人，伤害你的是你看问题的角度

泰戈尔曾说："我们把世界看错了，反而说它欺骗了我们。"

你是否有过在追寻成功的路途中突然"断油"的经历？本来好好的奋斗历程，遭遇到某些阻碍的时候顿时就泄劲了，原因是这些阻碍让你心里坚信你跨不过去，所以你选择放弃，殊不知当命运给你设置阻碍令你失落的时候，它也一定在某些方面给了你与阻碍相反的积极助推。莎士比亚曾说过："一千个观众眼中有一千个哈姆雷特。"当我们面对毫无转机的苦难时，不妨进行一下换位思考，看看自己站在别人的角度是如何看待这个问题的，这能够让你客观地看待问题，在停滞中找到前进的希望和动力。

怀素就职于一家影视公司，每天忙忙碌碌，不是在加班，就是在去加班的路上，就这样一个好员工，被公司辞退了，原因是同事使用手段排挤她，而一起共事多年的老板选择相信那个同事。离职后，怀素难得有时间约了朋友一起去游乐

场玩。朋友问她是不是心里很难过，毕竟奋斗好几年的工作没了。怀素悠然地吃着冰激凌，回答道："有什么难过的？工作强度那么大，那么长时间，我都没怎么好好休息过，现在倒好，被公司辞退，这就是冥冥中自有天意。"

后来她去了法国留学，几年后成为一家世界五百强公司的高管。与朋友回首往事时，怀素说道："我从来没有陷入被辞退的忧伤中，不被辞退，可能现在我还趴在办公桌上加班到凌晨。正是那次辞退经历，让我明白了自由的重要，改变了我的职业生涯。"

每个人看待问题的角度是不一样的，就好像同样的菜，有人喜欢吃，有人却不喜欢。在大多数人的认知里，被迫从公司辞职的人应该会有失落感，可人与人不同，你没站在他的角度看待问题，理解不了他的心情。其实每件让你感到悲伤沮丧的事情只是一种客观现实的存在，我们自己在看待事情的时候自然地产生了负面情感，如果能够在令人沮丧的事情中看到它积极的一面，自然会拥有更强的前进动力。

"横看成岭侧成峰"，事物总是存在着它的多面性，我们在处理它们的时候不能一味地循规蹈矩，否则将被消极情绪围困。要善于发现事物的优点，不为已经失败的结局悲伤，这样既解放了自己，又能够让自己的路走得更加顺畅。

晚高峰地铁上，乘客们密密麻麻地挤在一起，焦躁的男子突然觉得某个人踩了他一脚，而地铁每每加速减速，这一脚总是“如约而至”，虽然力道不大，可男子心中窝火。要不是地铁里实在太挤，无法转身，他真想回头用眼神予以反击。

地铁到达换乘车站，车内终于松动许多，他带着冒火般的两眼侧转身，准备“训斥”那个踩他的人，结果发现是一个年轻的小姑娘，可能是因为上班太累的缘故，此时小姑娘正扶着把手，眼睛微眯，而踩他脚是因为地铁带来的惯性所致，眼前的一幕让他火气全无，他轻轻把脚移走，怕惊扰这个奋斗的年轻人。

有时候让我们生气、愤怒的不是对我们“不友好”的人，而是自己心中对那个人的做法不接受。当我们发现别人的“小举动”是无心行为时，当初内心“报复”的想法也就随之转变。

当生活不被我们理解时，不妨换个角度，或许能让我们更加从容自信地面对一切，一味地站在生活的背阴面，快乐都会成为一种奢侈品。事物存在两面性，我们一定要转换角度去看待问题。

4. 你倾向于把简单问题升级为大灾难吗

生活中我们常常碰到当时认为“无法解决”的难题，其实这些难题多数不过是自己带着放大镜，把设想的困难放大化，自己困在畏难情绪里，被预判的路障吓倒。

人的大脑天然排斥带给我们认知压力和负面情绪的事物，当我们身处困境时会产生无形的心理压力，看到困难表面就决定“知难而退”。如果我们心中有战胜困难的勇气并付诸行动，困难终将被克服，回首之时，困难也不过如此。

大学毕业的法国青年道格拉斯应聘成为《回声报》的记者，道格拉斯刚上班一个星期，就接到了采访部主任交代给他的任务：采访著名的亨利·贝尔大法官。对于其他人来说这是一个令人欣喜若狂的任务，道格拉斯却一点儿都高兴不起来，亨利·贝尔是有名的大法官，而自己只是一个刚入职一个星期甚至连采访都不懂的小记者，大法官会接受自己的采访吗？

看到从主任办公室回来的道格拉斯一副愁眉苦脸的样子，同事埃里过来关心地问他：“我的伙伴，你怎么了？”道格斯拉斯将自己的事情告诉了埃里。埃里听完之后，拍拍道格拉斯的肩膀，不以为意地说道：“我以为你遇到什么难事了，不就是去采访亨利·贝尔吗？”道格拉斯又向埃里说明了自己的忧虑，埃里安慰道格拉斯，并主动为他拨通亨利·贝尔办公室的电话，并约好第二天下午三点进行采访。

后来道格拉斯成为了《回声报》的总编辑，想起自己第一次做采访的经历时说道：“从那时起，我就知道，有些困难其实并不可怕，而是我们自己将它置于放大镜下，心理上放大了那些困难的难度。其实，只要你勇敢地迈出第一步，你就会发现，那些麻烦与困难有时只是自己吓自己而已！”

对任务本身状态没有清晰的认识，任务开始阶段实际达成的目标与高期望差距过大，这是畏难情绪产生的原因，我们在做一件事之前就已经想着“做不好怎么办”时，畏难情绪就产生了，自我潜意识中过分夸大了问题的难度。

看起来非常可怕、甚至无解的难题也没有想象中那么困难，只是没有真正了解它罢了。看清问题的关键是解决问题的重中之重，当你参与其中，对困难有足够的了解，就知道那些难度都是自己的想象。

稻盛和夫说：“在遇到难题的时候，不要逃避，而是要勇敢面对。不论要付出什么样的代价，一定要下决心完成任务，要睁大眼睛从各个角度来看待形势。当面对困难，需要解决的时候，一定要以诚恳和谦卑的态度，明察秋毫地来审视它。”

电影《当幸福来敲门》讲述威尔·史密斯饰演的落魄业务员遭遇事业破产、妻子离家之后，如何坚守责任、奋发向上，最后成为金融投资家的励志故事。

电影中，威尔·史密斯饰演一位坚强不屈、努力追逐梦想的奋斗者。因为贫穷，妻子离他而去，只剩下父子俩相依为命、艰苦度日。他依靠着自己的努力获得了一个实习机会，三个月的实习期没有任何工资。为维持生活，他卖血、卖医疗器材、拉着儿子去救济所过夜，一边要照顾儿子，一边还要为一个可能被淘汰的工作机会而努力拼搏，拨打电话时连电话听筒都不放下，只为了节省两个电话的间隔时间。

能够与困难面对面决斗的人一定心怀超然的决心，放手一搏方有一线生机，畏缩逃避则完全丧失获得成功的机会，要冷静分析当前局势，根据不同问题提出有效解决方案。很多人在看不到希望的情况下就认定问题具有不可逾越性，选择放弃，可惜成功就在下一秒。

我们的人生充满苦难，想要克服痛苦必须直面痛苦，正是在一个个痛苦的“沐浴”之下，我们的心境更加坚实。直面痛苦，将问题一一化解相比于逃避得到的一时之乐更加重要，不因害怕而逃避，勇敢解决问题才能走出困境。

5. 不停地揭开伤疤给人看，伤口永远无法愈合

高压的生活节奏往往使人们将久久压在心中的不愉快以一种网络化的形式发布出来，发泄情绪，想得到他人的同情，很多人都习惯于将自己受到的伤痛遭遇向他人述说，无非就是觉得这一通“内心发泄”能够给自己痛苦的心灵带来些许慰藉，当别人以同情好言安慰你时，你的内心能够得到极大的满足。有时候当自己实力不济而遭遇败果时，为了所谓的面子上过得去，必说成是客观事物如何如何，以换来别人的

同情附和。

真正在乎你感受的人会认真听取你的不满，而背地里等着看你热闹的人亦不在少数。这两种人有一个共同点，那就是他们确实倾听了，不管真假，也都对你表示同情，却不会对你目前所处的境遇有什么帮助。

鲁迅先生的短篇小说《祝福》一文中讲述了祥林嫂悲惨的一生。祥林嫂生在旧社会，嫁了一个比自己小十岁的男人，可是丈夫却先去世。祥林嫂为求生活只得来到鲁四老爷家里做工，表现优秀，好日子似乎刚有个盼头。婆婆为给自己小儿子筹措结婚的彩礼钱将她带走，强行嫁了出去。

几年时间，祥林嫂经历了更多磨难，先是丈夫染上风寒死去，不久后，自己的儿子也死于野狼之口。一连串的生活打击终于将这个女人击倒，当她为求生活再次来到鲁家做工时，干活不如以前利索，精神也不如以往活泛，逢人便讲自己悲惨的痛苦遭遇，一次次“讲解”渐渐地让人们开始讨厌这个女人，加上老爷额外的惩罚，她彻底丧失了精神主宰，直到最后流落街头，悲惨死去。

生活在阳光下的我们有谁愿意听那些被生活打压过的人天天在耳边倒苦水，我们喜欢的是他人带来的正能量，而不是“生活垃圾”。当一个人习惯了别人的好心同情，他便会觉得世界是欠着他的，所有的人和事都要为他的不美好遭遇让道，好像就你一个人受到了生活不公的待遇一样，谁又不是如此？谁又如同你这么矫情呢？

当遭遇到内心痛苦的事情，不要声张，想要安慰就找自己最好的朋友一诉衷肠。适当地发泄也是必要的，但不要处处声张，还嫌看你热闹的人不够多吗？虚伪的同情就是对你的嘲笑，你却还因为某些虚假的同情而感激涕零，自以为遇到了知心人。

曾经一个记者采访一个成功的企业家，企业家告诉记者，他在初二的时候就因为家庭条件不好而辍学回家帮助父母种地，后来他的父亲去世，面对家里的生活压力，他不得不努力赚钱。他挖一块池塘准备养鱼，被别人笑话，这样挖出来的池塘是养不活鱼的。之后他还搞过其他的养殖业，最后都以失败告终，并且欠下了一大笔债务，已是而立之年，既没有赚到钱又没有娶到媳妇。后来当炮工开山，不料被飞石砸瞎一只眼睛，而他的母亲也在一系列的生活打击中去世。

他没有求人，没有诉苦，自己一个人背着行李包进了城，几年的打拼之后拥有了丰厚资产。当记者问到他从以前那么困苦到如今坐拥千万资产，是不是遇到贵人了，企业家没有直接回复，而是拿出一个弹力球扔在厚厚的地毯上，弹力球也只是蹦跶了两下。随后他再把弹力球扔在地板上，弹力球不仅弹起来的高度比之前要高，而且弹跳的次数也多了不少。之后企业家淡淡地说，如果非要找一个提拔我的贵人，那就是我自己。什么苦难都是自己扛，等着让别人提拔，大家都挺忙的，没人愿意听你那悲惨的生活经历，靠别人铺垫注定跳不高，滚不远。

若要人前显贵，必得人后受罪。岂不闻韩信“胯下之辱”，一味地将自己的遭遇讲给别人听，恰恰消磨了自己的斗志，动力忍在心中，真正地“钻过裤裆”，你就什么事都不求人了。

因心中不痛快而渴望被别人理解是人之常情，别人可以倾听，同情你，然后呢？路还在那，要走的人还是你。你不能老指望用别人的同情来为自己疗伤，时间长了人都会烦你，只是表面不说破。有些事埋在心里比较好，它们能化作你前进的动力，让你主动整理好自己的思绪心情，如果说出来，反而泄劲了。

6. 改变思维模式，拆掉心理上的“倒霉墙”

你是否总把持着过去所犯下的错误不愿放手，然后在今天惩罚自己，导致今天的自己精神严重溃退，对明天充满了疑虑？你苦苦挣扎着想要走出这种困境，反而让生活愈加糟糕，好像一切都在跟你作对，做什么事情都充满了不确定的倒霉。

人的精神长时间处在一个固定的消极状态下，难免会打击对生活的积极性，即使遇到一点点的挫折都扛不住，然后认为这些事情都是倒霉。不要一味将自己的不顺心统统归结到倒霉上，从之前的消极中走出来，换一个生活轨迹，才能摆脱倒霉的命运。

从前有个小女孩，小时候的她家庭富足，衣食无忧，成长环境十分优越，后来家族突发不幸，她的父母双双去世。接连不断的打击终于让这个刚刚成人的小女孩失去了对生活的信心，她的性格变得阴暗，对人生前景不抱任何希望。

夏天，她躺在草地上，想仰望天空的白云，结果乌云滚滚，雷声乍现，无奈的她耷拉着脑袋走向一棵枝叶茂密的树下避雨，可树下已经挤满了其他的小伙伴，大家一致拒绝她的加入，并将她赶走，孤独的小女孩刚离开那棵树，天空便雷声大作，雨水打湿了她的衣服，她抬头望天，怨着上天这么无情，好像天下的霉运都集合到自己身上来了。冬天，她想在结冰的湖面上玩耍，也被一群群小伙伴孤立，她只得离开，一边走，一边继续哀叹自己倒霉。

许多年后，她才听说曾经自己想要避雨的那棵树因为下雨打雷被劈开了，结冰的湖面也因为上去玩耍的人太多而崩塌。

一个人长期处在延续的麻烦里，心性会变得毛躁，做事的时候便不去注意事情发展的细节，不顺的情绪已经遮住了双眼。只是看到明面上自己什么都不顺，却不知所谓的倒霉背后存在的幸运。没有人天生就面临着种种霉运，倒霉只是你的消极情绪积累而致的失败事件，要知道万物万事自有其发展的规律，而那个倒霉的人很不幸地触犯到了这些规律。很多人都经历过一整天的倒霉事件，他们将这一天归结为"黑色星期几"。其实这一整天的倒霉可能在前一天或者是更久之前就已经埋下了伏笔，比如重大疾病的发作大多是各种因素长久以来相互作用导致。也就是说，所谓的倒霉其实是具有一定的因果循环关系的，前面种的因得到了现在的果，然后被我们称之为"倒霉"。

文强为了赶一个文件加班到深夜，早晨七点闹钟咆哮，他处在一种似睡未睡的状态中，他的意识告诉自己还可以再睡会儿，甚至又做了一个小梦。猛地睁开眼，已经八点三十五分。

肯定要迟到了，拦住一辆出租车，又被堵在了半路上。

文强到公司时，已经迟到半个小时，老板急着用他做的文件给客户讲解，结果做出来的文件错误频出，客户非常不满意地离去。

上司严厉地训斥他并给了他记过处分，好不容易虎口脱险，内心小激动的他刚出办公室的门就撞翻了女同事的咖啡。

当一个人陷入"霉运"的怪圈当中，那真是很神奇的一件事情，不管你做什么，肯定会出乱子，倒小霉的人可能一两天就能调整过来，倒大霉的人可能一辈子都会处在痛苦之中。要改变自己的倒霉命运也不难，不如尝试着平心静气，散散步，聊聊天，饱餐一顿，再美美地睡上一觉，待养精蓄锐完毕，静心细致地去做自己手边的事情，注意工作中的细节，摆脱霉运。

我们容易受到情绪的指引，遇到痛苦的遭遇往往在内心形成了一种对当前境地无奈认可的不作为情绪，分散了自己做其他事情的精力，从而觉得自己越发倒霉，甚至在向他人的倾诉中都充满了强烈的自我倒霉暗示，之后在不知不觉中继续倒霉下去，如此恶性循环。作为有主观能动性的智慧生物，当遇到不利流年，要保持乐观的心态，将自己在逆境中只看到消极的固定思维转换一下，多思考一下其存在的合理性，想方设法去解决这个问题，而不是任由其发展，自此消沉下去。越多的正能量的调整和心理暗示越能让你在前进的路上无往不利。

7. 今天再大的事，到了明天就是小事

“假如生活欺骗了你

不要悲伤 不要心急

忧郁的日子里须要镇静

相信吧 快乐的日子将会来临

心儿永远向往着未来

现在却常是忧郁

一切都是瞬息

一切都将会过去

而那过去了的

就会成为亲切的回忆”——普希金《假如生活欺骗了你》

或许当前的你正处于人生低谷，放纵堕落，自己心里时刻悔恨着以往所做的种种导致今天的局面，人生苦短，一天天就这么飘过，怎么可以把时间浪费在不必要的烦躁上，不如接纳自己过去所犯下的错误，过好当下，正视未来，不管什么样的事情，在时间的刻度线上都会过去，这一点无疑是对那些懦弱的人最好的安慰。

从前有一位将军，一天夜里，他做了一个奇怪的梦，梦见自己国家发生了叛乱，而作为大将军，他要领兵去平息叛乱，平乱过程中他不断吃败仗，被敌军打得抱头鼠窜，几无容身之地，三军将士也都疲惫不堪，士气全无，身陷绝境之时，他早已死去多年的父帅现身，为他献一个计谋，随后他凭借着这个计谋成功击败敌军。

第二天醒来，将军接到了战报，确实有一支军队叛变投敌，随后他就接到了皇上圣旨，要求他率兵前去平叛。一切都像梦中的景象重现，一交战，将军就被敌军打得溃不成军，士气大伤，只能暂时退守。休战间隙，将军自责惭愧，猛地灵光一闪，他想到了梦中父帅所说的计谋，只是一句简单的话：一往无前，一切都会过去。当夜将军召开了紧急军事会议，将自己梦中的故事告诉众将领，再一级级往下传递，士兵们深感将军不易，又觉是老将军在天之灵保佑，士气大振，在随后的战斗中他们成功地平定叛乱。

将军在绝境中取得了胜利，在班师回朝的路上居功自傲，已经开始幻想皇帝会给自己什么样的封赏，此时将军身边的一个谋士对将军说道：“将军难道忘记了老将军梦中所说话语？一切都会过去。”听到这句话后，将军立马清醒过来。

冬天的狂风肆虐给人带来的痛苦往往在春天到来时就被人遗忘。你失意时立下的誓言，不知到了辉煌时是否还在心中清晰存在。曾经多么痛苦，你都依然坚持到现在，你再回头看一下那时，好像真的没有什么，凭着一个信念，就那样过来了，会不会觉得当初的自己有点傻乎乎的？嘴角微笑着，还带着一丝心疼。从王座上跌落的时候确实难以接受，自我怀疑、悔恨、对未来的无望感达到了峰值，这个时候，咬咬牙也就过去了。明天依旧会到来，可有些人就是迈不过这个坎，画地为牢，将自己拖成了抑郁症。

人生又不是演电视剧，做不到什么事情都完美地展现，烦恼会出现，而且不会因为你可怜就放过你。越是装可怜，像弱者那样逃避，越是会狠狠打击你，倒不如正视所遭遇的一切，你的追求在现在、在明天，过去的就让它过去吧。

二十岁的时候文娟在大学里第一次遇见了他，两人一见钟情，迅速陷入爱河。两人都幻想着未来的生活，毕业、结婚、生子，有一个属于他们自己的小窝。

三十岁的时候文娟失恋了，两人维持了十年的感情就这么没了，事前都没有任何征兆。文娟家里已经同意两个人的婚事，当她高兴地打电话过去的时候，那边却是犹豫不定地支支吾吾，直到最后蹦出一句："我不想跟你结婚。"

文娟懵了，她以为他是跟自己开玩笑，得到的是再一次肯定地回答。她在电话里哭着闹、骂，不停地提起以往两个人如何如何好，甚至前些日子的情人节她还收到了他的花，现在面对这样的结局，文娟实在要崩溃了。每每到了深夜总会有他的影子在脑海里漂浮不定，在刚分手的时间里文娟几乎夜夜失眠，深感绝望。

早上照镜子的时候看到的是镜子中那个眼窝深陷、眼泡囊肿外加头发凌乱的邋遢女人。文娟突然意识到自己应该做点什么来麻痹自己。她买了一身运动装，办了图书馆的会员卡，没事还主动承担起老妈的做饭重任，最好的项目是她报了一个舞蹈班，所有可以利用的时间都被她排得满满当当。

不管有没有忘记他，生活还在继续，她已经能够坦然地面对未来。

爱情就是这样，很多时候都是自己心甘情愿给别人做备胎，明明知道不可能，还是抱着一丝侥幸得到的心理。最后伤得体无完肤，没人安慰，只剩活该，自己默默地舔舐伤口。

要通过充实的生活来提升自己，让一切过去，让自己变得优秀，用实力告诉他失去你是他这辈子最大的败笔。

同肉体所受到的创伤一样，心灵和精神所受到的伤害也可以通过时间来治愈，不过治愈的时间因人而异。曾经失意已经过去，不必担心，除了留下的经验需要总结，再不可追，请尽快开启明日的征程，那才是真正需要你上心的事情。出生到死亡，你所遭遇的种种，都会随着时间流走，这是对你最大的安慰，不用怕，勇敢向前走就好。

8. 相信，一切都是最好的安排

歌手李宗盛那首《给自己的歌》有一句歌词：“岁月你别催，该来的我不推，该还的还，该给的我给。”人一辈子经历的事情千千万，磕磕绊绊在所难免。生活不会无缘无故地让你失去或得到什么，无论爱恨情仇，还是生死离别，都于冥冥之中定格在岁月中。欣喜也好，抱怨也罢，当你的心真正处平静之中，你方可体会到生活的美好，苦乐本相对，有舍才有得。

曾经有位旅行家旅行途中遇到一个跛脚的老和尚要渡河，老和尚腿脚不便，过河很费力气。旅行家自己已经累得气喘吁吁，本不用多此一举，可出于热心，他还是帮扶着老和尚顺利过河，过河之后老和尚连一句感谢的话都没有说便径自离去，这使得旅行家心里不是个滋味，“早知道就不帮你了，事后连句谢谢都没有。”

旅行家继续向前走着，几个小时过去了，他不得不接受一个事实：他迷路了，而且是在茫茫大山之中，剩下的水和食物也不多。就在旅行家已经绝望时，小路上一个小和尚跑过来。原来小和尚是老和尚的徒弟，他是老和尚特意派来为旅行家引路的。

我们不必急于知道生活会给我们一个怎样的交代，但尽人事，不问天命，在你等待的时候，生活正在为你的问题书写答案，总会告诉你，但不是现在。如果有一天你遭遇了人生中的重大变故，生活的重担已经让你接近崩溃，希望你也能再坚持一下，等来生活的“回报”。

上帝关起一扇门的同时，也会为你打开一扇窗，冥冥之中自有天意，当你诸事不顺，怨天尤人的时候，你何不换个角度看待你所面临的一切，然后告诉自己：“祸兮，福所倚，福兮，祸所伏。”

电影《夏洛特烦恼》讲述了一个不甘平凡的“窝囊废”夏洛在梦境中重回以往，经历反复得失后明白朋友们都在利用自己，只有妻子马冬梅才是最值得珍惜的人。

生活给你一个坏消息，其实是在帮你改正，让你变得更好，而你却选择顺着生活给你的消极走下去。所有的事情都是生活精心策划好的，让你在一场场“阴谋”中成长，这时候你应该倍感惊喜，生活没有不理你，它已经开始敲打你，这是在关爱你。

满腹牢骚的人抱怨工作、生活，表现出无能懦弱，乞求别人的怜悯，不满足于现状，还不想行动起来离开现状，放弃自我锻炼、提高能力的机会，总想让别人顺从自己的意见而招致别人的反感。真正上进的人，凡事都能看开，明白自己所处的困境，并勇敢面对。这些人总能发现事情的另一面，从而将困境转化为起飞的动力，去留无意，宠辱不惊。

生命中的每一件事，不论好坏，皆有其存在的道理，都是为你达到更高的境界而设置的关卡。贝多芬双耳失聪依然创作出伟大的交响乐曲，不是上帝不爱他，只是换了一种方式。普希金的一首诗《假如生活欺骗了你》告诉我们要相信生活，不要抱怨，“一切都是瞬息，一切都将会过去。”正视内心世界，等待生活给出结果，找寻内心真正的渴望，拒绝抱怨，舍去终会得到，好人终有好报。

第九章

拥抱伤痛，
那是命运赋予你的铠甲

1. 我们要祈求的从来不是人生永无坎坷磨难，而是拥抱伤痛

泰戈尔在《飞鸟集》写道：“世界以痛吻我，我要报之以歌。”

生活痛苦来临的时候最难熬，就像得了场重感冒，病来如山倒，汤药不济，内有肝火，外有风寒，祛病抽丝，熬过最艰难时刻便神清气爽。“熬”这个字眼儿显得不随和，好像某段时间同生活带来的痛苦大军进行了一场持久战，那是真痛苦。倒不如甩开衣袖，放肆迎接生活的伤痛更惬意。

生活中的痛苦一方面是前进的阻力，可反过来更是强者前进的动力。你在生活的痛苦面前放弃挣扎，不过是简单地起了一个念想，而生活抛给你的可能是一辈子的悔恨。

电影《海边的曼彻斯特》中的主人公 Lee 曾经也是一个开朗的大男孩，他有着属于自己的幸福家庭：一个感情和睦的妻子和三个可爱到让他内心爱意爆棚的孩子。有一次出门前 Lee 点燃壁炉却忘记关防火屏，家里发生严重火灾，只有妻子被救出来，三个孩子不幸被烧死。他录完口供后试图

自杀来惩罚自己的过失，警察们阻止了他的愚蠢行为。之后不久，妻子因无法原谅他而选择离婚，他心中悲痛万分，三个孩子的死成为他心中跨不过去的槛。心存愧疚与痛苦的他搬到波士顿，过上封闭式生活，平时更是少言寡语，精神全无，目光涣散，失去了曾经的阳光，变得邋里邋遢。

Lee 在波士顿找到一份修理水管和疏通下水道的工作来维持生活。工作中经常被客户投诉，他总摆出一副冰冷的样子，服务态度又不好，还时不时地对客户骂脏话。生活中也不带一丝感情色彩，酒吧里的美女主动搭讪他，惨遭他的冷落和白眼。他会跟陌生人打架，他认为别人用异样的眼光看到了他不堪回首的痛处。哥哥去世，他都没有丝毫的伤感。直到最后他仍走不出，过着那种惩罚自己的痛苦生活。

绝望、失望、致命打击以及走不出的境地给人带来了精神上的痛苦，相比于单纯的肉体上的痛苦，精神上的痛苦将我们圈在牢房中，以枷锁囚禁我们的心灵，于是，我们开始自我抱怨。其实所有困难都会过去，生活存在选择的余地，而你像胆小鬼一样选择痛苦，选择之后还躲在阴影下逃避，并劝说自己这是天意。

痛苦自我们的内心，勇敢地面对不利的过往，拥抱痛苦，才可以真正地解除痛苦。

在干旱缺水的非洲有一种神奇的鱼——杜兹肺鱼，每当雨季来临的时候，杜兹肺鱼用自己的身体储存水分，旱季来临的时候，杜兹肺鱼立刻钻入泥土中进入休眠状态，减少生命活动，保存水分，以等待下一个雨季的到来。

不那么幸运的杜兹肺鱼会被人类连泥带鱼一起挖出来，打造成泥坯子，晒干之后砌入墙中，用来盖房子。之后雨季来临，雨水淋湿了房子上的泥坯，水开始渗透进来，在房子泥坯中休眠的杜兹肺鱼如同受到召唤一般从休眠中醒来，吮吸着泥土中的水分，维持自己微弱的生命。

等下一年的雨季来临，杜兹肺鱼开始在泥坯中进行轻微挣扎，因为墙上的泥坯已经开始有些松动了；又是一年雨季，杜兹肺鱼活动的空间就更大了，可还是无法突破封印冲出去。一直坚持活到暴雨滂沱，泥坯软塌的那一个雨季，它挣脱了泥坯的束缚，重获自由。

你是否还在为生活苦苦奔波，买菜时斤斤计较，失败时自我懊恼。其实最初的梦想很简单：幸福的人生、安稳快乐的生活、自由选择的权利，而你忘记了当初的期许，一手把自己最想要的生活过成了自己最不想要的样子，还觉得理所应当。沉沦的时候回归本心，你会对生活有更好的认识。

生活中从来就不缺少痛苦与磨难，恰恰是这一路上的不利遭遇使得我们的快乐更加充满意义，痛苦是生活中一束另类的阳光，谁不是在痛苦之光的普照下用汗水铺出一条通往成功的路？既然消极躲避摆脱不了痛苦，那为什么不勇敢地去面对？人生本就是一次尝试与懂得的旅程，从旅程所经历的困难和伤痛中感受到了不容易，于是学会了坚持。即使现在身处艰难也不必惊慌，因为只有真正地拥抱痛苦才能战胜痛苦。

2. 苦难，不过是一份包装丑陋的礼物

人生在世，不如意之事十之八九。强者面对生活中的苦难时，短暂失意后坦然处之，将苦难视若珍宝，他明白这是“上天以苦难赐我也”，发奋努力，借苦难之机来完善自己。弱者面对苦难时瘫软在地，他的世界完全被黑暗占领，能够苟且存活下去就已是大幸，何谈扶摇直上？

人大概都是这样，当遭遇一种令自己内心不舒服的事情时，多看到其不堪的一面，然后思前想后：之前为何不小心犯下这过错，后面的路可怎么走啊？唯一没有看到的是苦难之下隐藏的机会，利用这机会你便能解决自己面临的困境。

少年小时候家庭条件极差，为求生存，只好到麦当劳店里求职。麦当劳的店长注视眼前这个少年，十几岁的模样，因为营养不良而面黄肌瘦，两腮深深凹陷，身上的衣服也破烂不堪，家庭贫困所导致的极差形象使得麦当劳店长脑海中的第一反应就是拒绝，他耷拉着脑袋离开。几天之后，这个

衣衫褴褛的少年再次来到店内，恳求店长给他一份工作，他可以不要钱，只求能够有地方睡觉，再吃上一顿饱饭。他看到店长默不作声便心知店长这是在犹豫是否拒绝自己，于是他凑上前小声地乞求，他可以在这里打扫厕所卫生，事实上这家店的厕所卫生确实不太好，有几次还收到了顾客的投诉信。犹豫的店长终于在少年的再三乞求下松口，将少年留下打扫厕所卫生。

少年开始专注于打扫厕所这件事，每天在所有人还未醒来时他已经将厕所打扫干净，在营业时间段，他则制订好计划，隔多长时间打扫一次，到深夜客人稀少的时候他再去进行最后一次大扫除。他甚至在厕所里放置了花草来净化空气，增加顾客的舒适度，厕所墙上则张贴了名人名言，他干这一项工作就真的将其干到了最好，因而有顾客夸他管理下的厕所比厨房都要干净整洁。

少年的优秀表现被店长看在了眼里，他决定给这个干活一丝不苟的年轻人一个机会，将他聘用为麦当劳的正式员工。仅仅过去四年，这个少年便以自身优秀的业务能力成功跻身为澳大利亚最年轻的麦当劳店面经理之列，之后他被派往各个大洲进行管理工作，均取得十分优秀的业绩，直至后来他担任了麦当劳全球事务执行总经理之职。这个少年就是十五岁时为求生存到麦当劳店面求职的查理·贝尔。

人仿佛大海上的小舟，一辈子都在飘摇，海上天气瞬息万变。阳光明媚的时候你可以平心静气地向前划行，而真正的考验在暴风雨中，只有挺得过暴风雨，你才能迎来下一个晴天，否则海底就是你的归宿。

有多少人曾经极度辉煌。长年处于校园学霸榜的顶端，高考失利一朝跌落神坛，再站起来的时候锐气全无，你说这是经历成长而内敛了，其实是你怕了。从底层向上爬的时候你永远都不怕困难，你会觉得所遭遇的困难都理所应当；习惯了身处高层的感觉，一旦摔下，那种巨大的心理落差会将你揉得稀碎。你不敢面对自己，不接受自己那么强大竟然也败了。这个时候，在心里问问自己当初从下层爬上去时受苦是理所当然的精神哪里去了。不管在什么位置，你遇到的这份苦难终究是让你向更高处突破的灵丹妙药。

他从小家庭贫苦，后来父母离婚，他和姐妹被母亲拉扯长大。为了减轻母亲肩上的生活压力，他初中的时候开始出去打零工补贴家用，有时候活干得不好会被客人辱骂。他对中国的武功十分感兴趣，平时也都是看一些武术方面的动作片，恰好他那个时代正好是香港电影、电视剧的发展时代，凭借着自己对功夫表演感兴趣这一点，他想着入影视行业。

虽然第一次考训练班以失败告终，但他没有放弃，第二次终于考进去，在训练班中他努力学习，钻研表演技巧，毕业之后被现实狠狠地打脸，现实没有想象中那么美好，不是上了电视就可以出名。他开始兢兢业业地在电视剧中跑龙套，在剧中根本没有露脸的机会，甚至没有多余的动作，别人一出手他就死了。甚至在他跑龙套的时候还被人鄙视笑话，说他一辈子都不可能大红大紫。之后他又做了一段时间少儿节目，不论身处何种境地，他始终没有忘记自己的梦想，私下里他默默地钻研表演技巧，向别人请教表演经验，一遍又一遍地观看电影，只为弄清楚演员的表演方式。

最后此人成为一代喜剧大家，他就是周星驰。

生活从不会欺骗有真才实学的人，遗憾的是生活为你送上机会时你却没有抓住这个机会的实力，而你成名之前所遭受到的，各种令你烦躁至极，甚至一度迫使你要放弃的苦难就是为了提升你的实力，以期今后某天你能抓住机会。

有时候艰难困苦真的是人生成功路上的必备良药，初遭遇时你可能恨，有一天你回过头看时便会对曾经心怀感激。放下烦躁，振奋精神，抓住苦难提升自己，做利用苦难的强者，而不是臣服苦难的弱者。

3. 生命总有不完美，那才是光进来的方向

季羡林曾说："不完美才是人生"。

很多人在生活中忍受不了自己出错，当某一瞬间觉得现

在的处境超越了以往，内心就会获得极大满足感，反之，心里便会充满焦虑，不敢与真实的自己对抗，内心深处掩藏着对自我的否定和对自身现实处境的批判和不满，这就是我们通常所说的完美主义者。

要学会坦然接受生命的不完美，不是赞扬负面的苦难挫折，而是提醒我们一旦觉察到自己是一个完美主义者时，在心理上允许自己适当出错，并勇敢、坦然地接纳自己的不完美，缓解压抑生命力的挫败感。

身穿黑色短裙，左脚上穿着一只高跟鞋，右腿截肢，拄着拐杖。这是一张在网上走红的背影照，照片中的女孩名叫阿依，一位失去右腿的羌族姑娘，她在四川残疾人艺术团担任歌手。当她在机场被拍下了那张背影照后，短短三天就成为了各大媒体的头条。阿依自信的背影感染了身边的每一个人，被大家亲切地称为“东方维纳斯”。

三岁时的一场意外让阿依失去一条右腿，从此自卑情绪在她心里滋生，平时跟人说话都会很小声。一次音乐课上，阿依大声地唱了一首羌族民歌，老师在全班同学面前夸奖了她。这让阿依重新拾起了自信，后来她努力通过考试，成为了一名艺术团的歌手。

阿依去买了高跟鞋，第一次练习穿高跟鞋时就从楼梯摔下来，她依然不放弃，每天穿着高跟鞋拄着拐杖在街上行走，因为她希望能够穿着长裙和高跟鞋在舞台上歌唱，那才是一个歌手最完美的形象。

阿依没有因为身体上的缺陷堕落消沉，她积极地面对生活，将命运掌握在自己手中，在舞台上用歌声绽放了自己最美的青春，获得了所有人的尊重。生命中存在的缺陷并不能成为我们自甘堕落、妄自菲薄的理由，当我们体验到生命的痛苦，才能更好地感知生命的可贵，我们在进行着一场一边负重前行，一边与过去的不完美达成和解的旅程。生命中的缺憾并不值得羞愧，这个世界上没有十全十美的事情，懂得接纳真实的自己，与缺憾和解，才是旅程中最重要的成长。

台湾画家谢坤山是一个残疾人，因家境贫寒而辍学的他十二岁就到工地上打工，在十六岁那年误触高压线失去了一条腿和两只胳膊，二十三岁时的一场意外事故又夺走了他的一只眼睛，在这种情况下，女朋友也选择离开他。谢坤山没有抱怨发生的一切，为了不拖累家庭，他选择流浪为生。他一边打工养活自己，一边热心公益事业。他后来迷上了绘画，在他看来，绘画能够为自己惨淡的人生加以颜色。他经常到艺术学校做旁听生，没有双手，用嘴来画画，嘴角经常被画笔磨破出血。只有一条腿，他便采用金鸡独立式的方式站立作画，经常一站就是好几个小时。最后他终于凭借着自己的努力成为有名的画家，赢得了大家的尊重，同时也收获了属于自己的爱情。

过往的遭遇充满遗憾和错误，犹如一道道埋藏在心底的伤口，我们总要面对不完美的自己，面对自己缺陷时抱着一种怎样的态度至关重要。谢坤山用一种乐观向上的态度和心态拥抱了属于他的不完美，最终从生命的缝隙中寻找到光明，我们应该为拥有健康的身体感到幸运，应该更积极地去面对所遇到的困境和艰难。

面对过去的缺憾时把控好自己的情绪，诸如愤怒、悲伤、怨恨等，在冷静的情况下将自己积抑已久的负面情绪释放出来；尝试着去接纳缺憾，事情已然发生，一味地采取对抗的态度只会害人害己；利用好自己一心想要弥补缺憾的动力，将它引导到一个更积极的方向。

当我们能够心平气和地与生命的缺憾拥抱时，生命就产生了更多的可能性。

4. 那些杀不死你的，都会让你更坚强

尼采有一句名言："对于我所关心的人，我祝愿他们受苦受难、孤寂凄凉、疾病缠身、受尽虐待、备尝屈辱——我希望他们不得幸免于以下的体验：深刻的自轻自贱、缺乏自信的折磨、一败涂地的悲惨境地。"充满价值的人生必经历一系列的磨难，视生活的磨难为天堑者望而却步，却不承想磨难

不是阻止你前进的高山，而是助你起飞的秀峰，是上天赐予你的成长的机会。

人人都想此生如钢琴曲那般美妙，而欲得其华美，应懂高山流水之意，融入高低曲调风格，人生路上所遭遇的艰难险阻岂不就是变化的音符？越是单调越无趣。人活于世，不经历一些艰难困苦，怎能获取生活所需的经验？唯有亲自杀出重围方懂生活之重，将来回首人生不会因碌碌无为而哀叹，如此足矣。

电影《肖申克的救赎》讲述了银行家安迪被冤枉入狱吃尽苦头后重获自由的故事。

妻子被谋杀，安迪被指控是凶手，被判进肖申克监狱服刑二十年。进入监狱的安迪认识了瑞德，一个因谋杀罪而被判无期徒刑的监狱老人，瑞德关押监狱数十年之久，期间多次假释都被拒绝。得知瑞德能够搞到一些小物件，安迪得到了一把小锄和一张电影明星的海报。

刚进监狱的安迪受到其他犯人的欺负甚至骚扰，他只能默默忍受。有一天安迪被派出进行劳动，无意中听闻了典狱长关于税金的事情。安迪利用自己所学帮助典狱长逃了一大笔税，从此得到了典狱长的赏识，他不用再跟其他囚犯一样进行体力劳动，不再受到“性骚扰”，在监狱里渐渐有了知名度。

期间安迪有洗脱冤屈的机会，而典狱长不愿放弃安迪这个免费的洗钱工具，设计将能证明安迪清白的证人杀死，面对希望的破灭，安迪再一次沉稳下来。终于在一个雷雨交加之夜，借助着雷声的掩护，通过自己用小锄挖了二十年的隧道越狱成功。瑞德再也不对假释怀有希望，面对假释人员的询问，他一改往日的软弱乞求，回答坚定，不抱希望，而这次他被同意假释，两个老朋友终于为自由相约在一起。

大家都有过一段时期内精神处于不可描述的压迫中的经历，习以为常的做法是逃避，尽可能做一些转移自己注意力的事情来减轻精神痛苦，殊不知这种做法只可缓解一时，不可根治，逃避是因为还有退路，甚至一退再退，你可曾想过退到尽头怎么办？生物的本能就是“趋利避害”，面对痛苦都会心生退意，而人的伟大之处在于可以在思想意识中直面痛苦。

解决痛苦的过程亦痛苦，去解决加之于你、折磨你的痛苦，这才是上策，切不可消极避世，清静无为，越陷越深，得不偿失。

让·克雷蒂安，加拿大历史上唯一一位连任两届的总理，由于曾患贝尔氏麻痹，左脸局部麻痹，他小时候相貌十分丑陋，嘴巴歪斜，说话结巴，一只耳朵丧失听力，这样的外在条件让他在小伙伴中间不受欢迎，沉默寡语的让·克雷蒂安默默忍受着来自周围孩子的各种嘲笑讽刺，自卑的痛苦在他的心里深深扎根。

在这样不友好的环境里他没有臣服，收敛起自己的痛苦，开始发愤图强。渐渐地，他喜欢上了看书，他不再像以前那样忍着别人的嘲笑和自卑去玩耍，而是难以自拔地坠入了知识的海洋，小小年纪的让·克雷蒂安读过很多大人们都不曾读过的书，从书中他学会坚强生活、善待他人等高贵品质。他甚至不顾妈妈阻拦，将小石子放进嘴里，以此来练习如何流利地讲话，并告诉妈妈说自己要做一只美丽的蝴蝶，他所做的一切都源于命运不公带来的自卑和伤痛。直到后来他竞选加拿大总理时，政敌通过他的丑陋外貌对他进行攻击，而让·克雷蒂安所学习到的品质帮了他，他的励志经历感动了所有的选民，他毫无疑问地当选加拿大总理。

单纯地看待生活中所遭遇的不幸只会觉得天命不公，如果换个思路来看待，岂不是上天赐予了你前进的动力吗？在痛苦中不断地打磨自己的躯体和心境，低调踏实地学习，掌握提升自身实力的技能，终有一天可以完成心中的理想。生活就是这样，越是经历过痛苦磨难之后越能明白生活的意义。

5. 你受的苦，吃的亏，最后都会变成照亮你的光

走到现在，已疲惫不堪，汗滴在月光中凝结成盐，涂抹在痛苦的脸上，双腿拖着前行，身后是一排排于你之前倒下

的尸骨。旁边有个声音深情地呼唤你歇会儿，咬碎牙未理，一歇可就起不来了，唯有坚持下去，方能迎来光明。

句子迷里有这样一句话：“所有你流过的泪，都是将来渡你的河，你受过的苦，终将会照亮你前行的路。”我们大多不是“野马与草原皆有”的幸运儿，但我们可以努力改变本属于我们的艰苦命运，你挣扎努力时的苦，从来不会白吃。每吃一点苦，吃一点亏，无形中都为未来存下了本钱。要永远坚信这一切都会好起来，无论经历过多么大的变故，心情沉重，一贫如洗，也一定要坚持下去。今天太阳落下，明天还会再次升起，生活中的不幸总会过去。

高考失意的文静进入普通大学时没有像其他同学一样埋天怨地，抱怨自己专业被调剂，高考没考好，来到这所排名末流的学校。开学之后，她整天泡在图书馆和自习室，早出晚归，只知道埋头努力。有人曾经询问过她的“反常举动”，她不免拘谨地说，她在准备金融学的研究生考试，从生物学到金融学，跨专业，所学知识天差地别。不是说说而已，事实证明她确实在坚持做。其他同学在忙着穿衣打扮谈恋爱的时候，她却给自己定下每天的计划表，什么时间看什么学科，什么时间吃饭休息，必须一一遵照。别人在各种校园活动里快乐地玩耍时，她规律地从图书馆“移居”到自习室，披星戴月，丝毫不怠。深夜路灯灯光洒在她的身上，投射出地上疲惫回寝的影子。抱怨是懦弱的表现，获得一时的安慰，仍对目前的处境束手无策，不如实实在在地去改变自己。晚上十点图书馆关门，她继续转战全天不关门的阶梯教室，冬天瑟瑟发抖，夏天汗如雨下。看书看到头晕眼花，努力到这么委屈，自己想大哭一场，学习压力大到情绪崩溃、昼夜不眠，她仍在咬牙坚持。

考研成绩出来，她以全省第三名的成绩如愿进入某重点大学的金融学专业，毕业之后进入一家银行，从最底层员工做到银行金融顾问，有了今天的光鲜亮丽。

每个人手上都握着希望，带领我们走向前方。坚持下去，总有一天，你会发现曾经承受过的疼痛都是值得的，生活从来不针对谁，它暂时蒙住了你的眼睛，在不久的将来会还你一片光明。

国内最大的相声表演社团非德云社莫属。郭德纲出生在天津的一个普通人家，从小开始学习说相声，到后来拜入杨志刚老师门下，杨志刚对待徒弟严格业内出名，郭德纲学艺时经常受到责罚。后来郭德纲因为一些事情被恩师逐出师门，没有工作、没有名声的郭德纲连自己都养不活，加上老婆和孩子，郭德纲更是负担不起。被逐出师门的郭德纲甚至被天津相声界封杀，只能去北京讨生活。最艰难的时候郭德纲甚至为了省几块钱车费，在演出结束后花了几个小时走回家去。郭德纲和李菁创办德云社时在茶馆一说就是一天，甚至嗓子哑了还得接着说。

正于路途中奔跑的人，没有人知道你的神经多么紧绷。跑过去留下风，没人知道你身上隐藏的淤青。笑起来没心没肺，没人知道你曾经欲哭无泪。想要人前显贵，必得人后受罪。谁没经历过独行的日子？时间或长或短，你甩不开躲不掉，现在的苦楚意味着你正走向更好的明天。

陌生的城市里，就算心智成熟如你，也曾在拥挤的人潮中酸了鼻尖红了眼。你打心底明白，勇敢努力下去，才有实力守护自己身边的人。一定要坚信自己所经历的坏事和痛苦最后都会有好的结果，看不到希望，说明你还没坚持到最后，总之，好事多磨。

年轻时，梦在起航，想征服世界，奈何次次浑身是伤。不要迷茫，不要着急，宁做蜗牛行，虽然慢，却不停。长大后，我们不再是被世界圈养的羔羊，要做生活的掌舵人，改变生活的航向。

或许昨天经历了无声之痛，今天醒来，城市照常车水马龙。生活不会因为你痛苦就同情你，对于昨天你只能选择遗忘或铭记，曾经哭笑都已过去，装点一下心情，继续生活的旅行。

6. 总有一天，你会感谢那些曾经鄙视过你的人

小的成功借着自身努力和朋友的支持便可以达到，而要想通往更高层次的成功，在路上必然遇到几个“恶狠狠”的敌人对你进行打磨，他们看不起你，肆意蹂躏你的自尊。当感觉到自己的灵魂尊严都被粉碎时，两条路摆在了你的面前：任由别人鄙视讽刺，破罐子破摔；或是化悲痛为力量，誓要证明自己。

遭人鄙视看不起是对自身耐性和自我治疗能力的一次检验，更是对堕落不上进之人最好的鞭挞，利用得当，将获益无穷。

弱者面对别人的侮辱感觉是一巴掌打在自己的心上，顿感心神无力，趴地不起；而强者则能够化悲痛为力量，强迫自己重新站起来向前进，侮辱和鄙视都会成为他前进路上的铺路石。

相声演员岳云鹏曾经在一档电视节目中含泪讲述自己曾经受到的侮辱，他十四岁北漂，干过修理工，当过保安，还在餐厅当过服务员，正是在餐厅遭遇的一件事给了他奋斗的动力。在餐厅工作时因为上错了菜而受到客人三个小时的侮辱，而这个错误仅仅因为六块钱的两瓶啤酒，最后岳云鹏只得自掏腰包拿出钱给客人免单，然而他还是没能保住这份

工作。

在节目中被问到为什么在创作相声的时候没有把这个故事经历编进去，岳云鹏回答，这么多年过去了，他仍然清楚记得那件事，自己还是恨那个大哥，这件事他没有写到相声里，只是默默地记在心中，正是那次被羞辱的经历，他才得以一步一步成长到今天。

面对别人的鄙视侮辱，只知道一味抗争，维护自己那点仅存的自尊实乃小人之见，应趁此良机冷静地审视自己的优缺点，有则改之，无则加勉。那些欺负老实人的行为你大可不必理会，这个社会就是有一些人通过看不起别人来表达自己的优越感，他们很享受那种居于人上的感觉。面对别人的侮辱鄙视，反应越激烈，就越说明实力不足，还要拼命维护自尊，这其实是我们内心自卑不自信的表现。既然还有自尊，那就重拾自信，憋足劲头，努力做出点什么来证明自己。

吴京在《战狼 2》开拍之前曾一一登门拜访投资方，希望能够得到投资方的资金支持，得到的结果却是拒绝，他们并不看好吴京的实力，都认为他不可能拍出一部国际大片。为了筹集拍摄资金，他自己出资八千万，并将家里的别墅抵押出去。由于资金紧张，《战狼 2》没能够请到大牌明星，最后只有张翰愿意参演。面对原女主角要求临时加钱的无理要求，吴京再三考虑之后做出了拒绝。吴京还专门到特种部队训练了十几个月，在部队里严格按照部队的各项训练标准进行训练，其目的就是能够更好地融入军旅生活，使角色更有真实感。

当你真正需要帮助的时候，雪中送炭的少，落井下石的多。人活一口气，拼命地努力就是为了争回那一口气，要让那些看笑话的人瞅瞅，以前落魄时没人看得起，现在让他们高攀不起。

几乎人人都有鄙视对象。相亲时鄙视人家没房没车，在大城市鄙视乡下人，工作中鄙视工资比你少的人。这一切鄙视来自于比较、欲望、内心高人一头的优越感。是将被鄙视化为自己腾飞的助力，还是就此一蹶不振，选择权握在你手中。解决这个问题的关键在于你自身的努力，你拥有了他们想借此来鄙视你的条件，你就可以大声地告诉自己被鄙视真的很难受，但还是要感谢被鄙视的痛苦将成就明天的自己。

7. 笑着活下去，把痛苦埋葬在回忆里

“人在家中坐，祸从天上来”，在某个角落里默默忍受着病痛带来的痛苦，千辛万苦努力换来的依旧是不幸的失败，现实生活中人们遭受着各种各样的精神和肉体上的痛苦。此时如何面对这些痛苦显得非常重要，毫无头绪地抱怨哀叹昨

天的不幸，遭遇的不幸将延续到今天，它不会因为你的懦弱可怜而对你仁慈半分。积极的做法是抛弃对昨天所犯下错误的懊悔，“人非圣贤，孰能无过？”与其终日不得其乐，不如率性而为，一旦摆脱了回忆里的痛苦，你将重拾生活的希望。

面对过去犯下的错误，有时候需要自我救赎，而救赎的真理在于忘掉那些让你“重病缠身”的精神障碍，看开一点，放下一次，用笑意去面对今后的道路，你的生命一定会再次开朗起来。

年轻时候的乔治·费多便心怀将来成为一名伟大剧作家的梦想，当他充满自信地将自己辛苦打磨出来的剧本送到表演剧团的时候，却被剧团一次又一次地用冷水浇回来，即使是最小的剧团都看不上他创作出来的剧本。面对着被拒绝的窘境，他依然没有放弃，每次都带着自己心目中最得意的剧本去寻找有意愿的剧团，终于在千辛万苦后得到了一次演出机会。

第一次剧本演出的时候，怀着极大热情的乔治·费多就被打击得一塌糊涂。舞台上的演员进行着机械的表演，台词和剧情前后不搭，糟糕的剧本导致观众们现场不满地抱怨，甚至是谩骂剧本创作者，观众们的叫骂声就充斥在乔治的耳边。观众们大多开始离场，乔治在剧场里低头沉思，羞愧之极，而演出才刚到一半，另一半也在观众的叫骂声中草草了事。短暂的失意后，乔治仍然没有放弃自己的梦想，他忘记昨日的失败，只记下失败中的不足，继续创作剧本，甚至当有剧团演出他的剧本时，他也会作为观众跟着其他人一起骂这是“烂剧”。乔治的行为让朋友们都觉得他一定是经不住打击而精神失常，而乔治却解释，只有这样他才能够真正走进观众的内心，有利于自己的创作。乔治终于成功了，他创作出很多深受观众喜爱的剧作，实现了自己成为伟大剧作家的梦想。

“从现在起，我开始谨慎地选择我的生活，我不再轻易让自己迷失在各种诱惑里。我心中已经听到来自远方的呼唤，再不需要回过头去关心身后的种种是非与议论。我已无暇顾及过去，我要向前走。”——米兰·昆德拉

生活有时是如此残酷，自己心里仅有的那点梦想也会在实现的路上被人恶意相向，加之此时你确实无力辩解什么，只能默默接受这些羞辱和痛苦。面对过去心灵上受到的创伤，如果一味地纠结、惭愧，这对自信心的打击是非常大的，你在生活里都挺不起来腰了，只剩空想。要做到不念过去，不畏将来，方能浴火重生。

七夕那天文卿独自一人从电影院走出来，和去年的今天相比较，路灯下的影子从两个变成一个。回到自己的出租屋，桌子上一对情侣杯、布朗熊和可妮兔还在，一张火车票静静地躺在杯子旁。文卿随手将两朵玫瑰花放在杯子上，那是她在地铁口的小贩那里为自己买的，他曾经也为文卿买过

两朵玫瑰，文卿当时还很不理解这两朵花的含义，他解释，七夕是两个人的七夕，不只是你们女人的七夕，一人一朵，在文卿想来，那个时候就连他的“贱样”都是那么美好的存在，看着他的眼睛，文卿心里明白，自己的心沦陷了。

他出国了，走之前留下一句：“等我。”这个等待没有维持那么长久，仅仅几个月的时间，他传来一句话：“分手吧。”文卿没有说话，挂掉电话，眼泪滴洒在屏幕，默默地删除了那个自己牢记于心的号码。

如同过去的一天天那样，文卿照常上下班，在外人面前，她工作努力优秀，身边不乏追求者，可她一一拒绝，她在等，不是在等他回来，而是等他从心间离开。一年、两年，在第三年的七夕那天，文卿独自看了一场电影，慢慢散步，走过街头，在地铁站门口的小商贩那里买了两朵玫瑰花，出租屋的桌子上一张今晚后半夜的火车票已经准备好，在拿到火车票的那一刻文卿就已经彻底忘了他，随后的看电影和买花不过是为了祭奠和解脱。

在爱情里爱得越深，最后越疼，伤口和痛苦会长好消失，而伤疤将永远留下。有时候缘分来得漫不经心，你刚入戏，还来不及品尝，它就溜之大吉。在爱情里对你说的话都是真的，当时是真的，后来也是，只是后来有人变了，过去了，便过去了。

生活还在继续，面对痛苦，要学会放弃过去的不幸遭遇，为心理减负，走出过去的耿耿于怀，接纳自己的不完美。不论事业还是爱情，过去的终将成为过去，未来才是永恒。

8. 唤醒身体的复原力，没有一种创伤不可自愈

卡伦·莱维奇和安德鲁·夏特在《复原力的因素》一书中写道："复原力指的是能够从挫折中恢复原状，从失败中学习经验，从挑战中获得动力，以及相信自己可以克服生活中任何困难的能力。"

人生在世，都会遭遇不同程度的不幸和痛苦，肉体的创伤通过时间可以修复，没有痛苦，欢悦如初，而心灵的创伤有些时候却不是时间可以修复的。至亲好友的安慰、帮助和理解对于我们心灵创伤的修复会起到一定的积极作用，不过也只是"缓兵之计"，若要根治心灵的创伤，必须启动我们自身的"复原力"。

身处困境，肉体、精神受到极大摧残，哀叹生活不易，却没有被生活的重担压倒，反而能够逆流而上，越是困难越要砥砺前行，这样的人复原力一定是极为强大的。困苦不堪已是生活常态，为何还要给自己雪上加霜？不如自我调节，修复心灵的创伤。不幸带来的心灵创伤可以"逞一时之快"，

但是它绝不能就此给我们的人生“定型”。

尼采的一句名言：“凡杀不死我的，会使我更强大。”在死亡到来之前，所有遭受到的痛苦代价都不值得我们用尽余生去偿还，一时的失意在所难免，一味地寻求外人帮助自己无非就是你渴望被人理解、被人安慰，甚至是挽回自己所谓的面子，让自己觉得即使犯错了也理所应当，不过是暂时找了个台阶下。若想要真正摆脱内心的痛苦，必得用自身的复原力才可以达到根治。

日本作家久世浩司曾写过一本叫做《复原力》的书，书中讲述了日本的高级糕点师小山进的故事。

小山进是日本国宝级的糕点师之一。每年的十月份他都会去巴黎参加巧克力盛典活动，这次活动汇集了全世界最优秀的糕点师，而且盛典期间还会召开发布会来宣布谁是本年度最佳巧克力制造商。鉴于盛典活动的重要性，在参会之前他会用一年的时间做准备以拿出自己最得意的作品。可即便他已经对参会作品花费巨大的精力，并且自己的内心把握十足，当真正参会评选之时他的内心依旧不能够平静，总是担心自己的作品能不能得到大家的认可。

当评委宣布了他的作品堪称完美之时，他纠结的心终于能够放下来。在短暂的高兴之后，迎来的却是莫名的担心：明年再来，是否还能做出比今年更优秀的作品？之前的喜悦感完全消失了，今后的一年里又将是新的开始。

小山进的这种担心正是一直以来催他上进的动力，他没有被压力压垮，而是开启积极地复原力继续追寻更高的目标，正如奥普拉在《我坚信》一书中所说：“我坚信，所有障碍都有意义，能否敞开心扉从这些挑战中学习，就是成功与被困之间的差距。”

久世浩司在《复原力》书中提到的压力当天重置、拥有柔韧且开放的心等观点都是很好的使用复原力的方法。不论面对怎样的境遇，能够冷静地分析自己所处的困境，积极探寻自己的生活意义，随之将迷茫困惑排除心外，让自己前进的道路不可阻挡。运用好复原力，它总会为你找到一种治愈你心灵创伤的办法。